오래 흐르면
반드시
바다에 이른다

하루 한 문장, 마음에 새기는 성현들의 좌우명

오래 흐르면
반드시
바다에 이른다

박수밀 지음

삶을 긍정하고 굳은 의지로 고난을 극복한
역사 속 지식인들이 건네는 따뜻한 위로

토트

나무는 오래 자라면 반드시 바위 골짜기에 우뚝 서고
물은 오래 흐르면 반드시 바다에 이른다

인생에는 반드시 시련과 위기의 상황이 있다. 누군들 눈앞의 고난을 피하고 싶지 않을까? 인간의 진실과 순수가 가장 잘 드러나는 때는 위기 앞에 섰을 때다. 고난을 어떻게 받아들이느냐에 따라 시련은 삶의 금자탑을 세우는 자양분이 되기도 한다. 시련과 위기를 견디어 내며 가는 가운데 인간은 더욱 단단해지고 인생은 더욱 깊고 풍부해진다.

옛사람들도 지금의 우리처럼 크고 작은 고난과 위기의 상황에 내몰려 외롭고 힘들 때가 있었고, 순탄하지 못한 인간관계 속에서 갈등하고 괴로워했다. 어떤 이들은 어찌할 수 없는 상황에서 좌절하기도 했지만 어떤 이들은 자신에게 닥친 운명을 지혜롭게 헤쳐 나갔다. 그들에게는 자신을 다독여 주는, 한 발 나아갈 힘을 내게 하는, 마음에 새긴 문장이 있었다. 그 위안을 단단히 새기며 삶의 질곡을 꿋꿋하게 견디어 냈다.

이 책에서는 옛사람의 삶을 이끈 한마디 문장과 그 문장이 오롯하게 드러내는 인생의 아름다운 국면을 이야기한다. 평소에 공부하던 고전 인물들 가운데 세상과 다른 시선으로 다르게 살다 간 사람들의 마음가짐에 관심이 갔다. 그들의 삶을 살피며 그 사람을 가장 적실하게 말해 주는 하나의 문장과 그 문장을 설명하는 빛나는 장면을 찾고자 했다. 이들이 어떤 마음가짐으로 삶을 대하고, 어떻게 삶의 파도를 헤쳐 갔는지를 들여다보았다. 그 사람의 향기가 잘 드러난다고 생각되는 하나의 문장을 찾아 그와 일치하는 삶의 흔적을 담으려고 노력했다.

옛사람의 삶의 태도를 압축하는 단 하나의 문장과 그 자취를 새기는 작업은 녹록하지 않았다. 그들의 다채로운 삶을 짧은 이야기 속에 하나하나 담아내기란 쉽지 않았다. 한 인물의 문장 하나를 고르기 위해 그의 평전을 일독하기도 했으며, 가장 의미 있는 한마디를 찾기 위해 한 인물의 글을 다 살펴보기도 했다. 책에서 다룬 인물 가운데는 역사의 중심에 선 이도 있고 주변인도 있으며 존재조차 희미한 인물도 있다. 오래 산 사람도 있고 억울하게 일찍 죽은 인물도 있다. 하지만 그들에게는 주어진 삶을 체념하거나 피하지 않고 굳은 의지로 이겨 나갔다는 공통점이 있다.

특히 이 책은 고전 인물들에게서 우리에게 옮겨 새기고 싶은 문장을 길어 올린 것이다. 명언은 차고 넘치지만 대체로 중국의 경전과 역사서를 비롯해 외국의 것들이다. 또 명언이 나오게 된 맥락과 명언을 쓴 이의 인간적인 면모를 함께 알 수 있는 글은 별로 없다. 고전학자로서 빛나는 우리의 고전 인물을 한 사람이라도 더 소개하고 이들이 남긴 멋진 삶의 태도를 '나를 세운 문장'을 통해 들려주고자 한다.

한편으로는 작지만 또렷했던 여성들의 목소리에도 귀를 기울였다. 고전 윤리는 사회적 존재로서의 여성을 받아들이지 않고 여성의 목소리를 감추었다. 지식과 교육은 남성 사대부가 독점했으며 여성에게는 순종과 뒷바라지와 정절만 요구했다. 그러한 차별 속에서도 여성의 운명을 따르지 않고 규범에 도전하고 주체적으로 살고자 한 여성들이 있었다. 강정일당과 김금원을 통해 사회적 규범을 과감히 깨뜨리고 자신의 정체성을 찾아간 여성의 모습을 보여주고 싶었다. 원하는 자료가 부족해 더 많은 여성의 목소리를 들려주지 못한 점은 아쉽지만 가부장 제도의 질곡 속에서도 원하는 삶을 위해 주체적으로 살다 간 여성이 적지 않았다는 것을 독자들도 알고 고전 시대의 여성 문학에 더욱 관심을 가졌으면 하는 바람이다.

　이 책을 통해 우리 고전의 가치를 확인하고 옛사람의 삶을 더욱 잘 이해하는 기회가 되기를 소망한다. 옛사람들이 깜깜한 어둠 속에서도 나를 세우는 문장을 붙들고 삶을 환하게 밝혀 나갔듯이, 독자들도 책 속에 담긴 좋은 구절을 통해 힘들고 어려운 삶을 단단히 이겨낼 힘을 얻었으면 좋겠다.

이 책은 무엇보다 나에게 주는 따뜻한 격려다. 삶은 외롭고 가련한 것. 그러나 흔들리는 마음을 굳게 붙들고 자신의 길을 지킨 옛사람들이 있어서 다행이다. 이들은 내게 삶이 비록 고단하고 힘들지라도 꺾이지 말고 마음을 지키며 나아가라고 위로한다. 또 인생은 자신과의 싸움이므로 세상이 요구하는 길이 아닌 나 자신이 선택한 길을 가라고 당부한다. 환경이나 사회규범에 이끌려 수동적으로 살아가는 인생은 즐거울 수가 없다. 자신이 정말 하고 싶은 일이 무엇인지를 잘 알고 그 꿈을 적극적으로 좇는 삶이어야 하리라.

인생은 아무리 애써도 끝내 바라는 바를 얻지 못할 수도 있다. 바라는 바를 성취하느냐 성취하지 못하느냐는 각자에게 주어진 복이자 운명이다. 하늘의 뜻을 내가 어찌 알겠는가? 그러나 나무는 오래 자라면 반드시 바위 골짜기에 우뚝 서고 물은 오래 흐르면 반드시 바다에 이른다고 했다. 사람의 배움도 이와 같아서 오래 힘쓰며 그치지 않으면 반드시 성취에 이른다. 자신의 길을 묵묵히 걸어가는 사람들 모두가 자신의 바다에 이르길 바라는 마음을 담아 희망의 언어로 책의 제목을 정했다.

2023년 깊어 가는 가을에 박수밀 쓰다.

• 차례

머리말
나무는 오래 자라면 반드시 바위 골짜기에 우뚝 서고
물은 오래 흐르면 반드시 바다에 이른다 4

1장

책을 읽는 것 자체가
살아가는 힘이다

2장

나는 나의 삶을
살아갈 뿐이다

3장

나를 힘들게 하는 사람이
나를 성장하게 한다

오직 현재를 보고
정신을 집중하여 굳게 지키라

침묵만이 영혼을
맑고 고요한 세계로 이끈다

책을 읽는 것 자체가
살아가는 힘이다

힘을 다해 책을 읽고
시간을 헛되이 버리지 말라

초정楚亭 박제가朴齊家(1750~1805)는 조선의 지성인들
중 가장 개혁적인 이상주의자이자 예민한 감수성으로 자기만의 시
세계를 개척한 감성의 시인이다. 그는 고전 시대에 가장 많은 외국
인사들과 교유했으며 『북학의北學議』를 저술하여 이상적인 부국
강병을 부르짖었다. 경세제민經世濟民의 꿈을 꾸며 사해四海를 친
구 삼았던 열혈남아였다. 청나라의 발달된 문물을 수용하여 조선
의 낙후된 현실을 개혁하자는 주장을 담은 북학파北學派라는 용어
도 그의 저술인 『북학의』에서 비롯된 말이다. 이처럼 세상의 변혁
을 부르짖었던 개혁가였지만 개인으로서는 한 집안의 가장이자 자
식들을 깊이 사랑한 한 아버지였다.

1801년 박제가는 사돈인 윤가기尹可基가 시국에 대한 불만을
드러낸 흉서 사건에 연루되어 국토의 북쪽 귀퉁이에 있는 함경북

도 종성으로 귀양을 갔다. 당시 그를 보호해 주던 정조가 죽었고, 이덕무를 비롯한 친구들 대부분이 세상을 떠났으며, 부모도 누이도 세상을 떠나고 없었다. 그때 그를 지탱해 준 유일한 힘은 그가 사랑하고 그를 기다리는 자식들이었다.

박제가에겐 장임, 장름, 장암 세 명의 자식이 있었다. 유배 기간 동안 그는 세 아들에게 수시로 편지를 보냈다. 일상의 안부를 묻고 귀양지 생활을 이야기했는데, 무엇보다 그는 자식들에게 책을 읽으라고 신신당부했다. 편지마다 박제가는 책 읽기에 게으른 자식들을 나무라고 독려했다.

다만 너희들이 독서를 즐겨 하지 않아 아비의 뜻을 잇지 못하는 것이 한탄스러우니, 어찌하면 늙은 아비에게 허물이 없게 할 수 있겠느냐? 일전에 듣자니 집을 팔았더구나. 집안일로 내가 마음 쓰고 싶지 않은데다 이곳에 있는지라 내 뜻과 같을 수야 없었겠지. 내가 만약 돌아가게 되면 구름처럼 팔도를 유람할 것이다. 나 스스로 먹고살 계획은 있으니 너희들은 염려할 필요 없다. 다만 부지런히 쉬지 않고 의리를 궁구하여, 먹고사는 일에 휘둘리는 일은 없도록 해라. '농사를 지어도 굶주림이 그 안에 있다'는 공자의 가르침을 흘려들어서는 안 된다.

박제가에게는 돌아갈 집도 없었다. 그러나 그는 돌아가게 되면 살 집을 마련하라고 자식들을 다그치지 않는다. 오히려 자식들을 위로하고 안심시킨다. 오로지 그의 걱정은 자식들이 힘써 공부를 하지 않는 것이었다.

박제가는 주자 성리학을 비판하고 세상을 향해 날 선 목소리를 내는 아웃사이더였다. 나라에서 금서禁書로 정한 패관문학稗官文學을 즐겨 읽고 현실을 개혁하자고 과감하게 외쳤다. 그렇지만 자식들에게는 달랐다. 그 시대의 보편적인 세계관인 주자의 의리를 강조하며 공자의 가르침을 전한다. 그 속에는 자식들은 세상과 불화하며 살기보다 세상과 화합하여 잘되기를 바라는 아버지의 마음이 있다. 그는 계속 당부한다. "너희는 노력해서 힘을 다해 책을 읽고 시간을 헛되이 버리지 말라. 내가 여전히 네 곁에 있는 것처럼 해야지, 그렇지 않으면 내가 돌아간다 해도 아무 소용이 없을 게다."

아버지란 어떤 존재일까? 박제가의 마음을 빌리자면, 아버지는 자식이 자신을 닮았으면 하면서도 자신처럼 고되게 살지 않기를 바라는 존재다. 고된 농사일을 하는 부모는 자식만은 도시로 나가기를 바라고, 힘든 뱃일을 하는 부모는 자식만큼은 뭍으로 나가 살기를 소망한다. 그것이 부모 마음이고 아버지 마음이다. 박제가는 고단했던 자신의 전철을 자식들은 밟지 않고 세상의 질서에 따라 의리를 탐구하고 책을 부지런히 읽어 잘되기를 소망했다. 아버지로서 박제가는 자식이 고단한 삶을 살지 않기를 바라는 평범한 아버지였다. 그러나 그 자신은 세상과의 불화를 기꺼이 감내하고 고

독의 길, 남들이 가지 않는 황량한 길을 선택했다.

"힘을 다해 책을 읽고 시간을 헛되이 버리지 말라."

이 말은 풀려날 기약조차 없는 그가 자식을 향해 던지는 유언과
도 같은 당부이자 자식의 성공을 염원하는 간절한 아버지의 속마
음이었다. 귀양살이를 한 지 4년 후인 1805년 늦봄, 마침내 귀양에
서 풀려난 박제가는 고향에 돌아오자마자 만신창이가 된 몸을 이
기지 못하고 쓸쓸히 세상을 떠났다.

/ / / / / / / /

힘을 다해 책을 읽고 시간을 헛되이 버리지 말라.
努力讀書, 勿虛抛時月.

　　박제가(朴齊家),『초정전서(楚亭全書)』「장임에게 부치다(寄稔兒)」

사람이 배우지 않으면
사람 노릇을 할 수 없다

조선 시대 여성은 가부장 제도 아래 많은 차별을 받았다. 지식과 교육은 남성 사대부가 독점했으며, 여성들은 남성에게 순종하고 정절을 지키며 자식을 잘 가르치는 것이 미덕이었다. 인내와 희생은 조선 시대 여성이 갖추어야 할 중요한 덕목이었다. 여성은 지식 교육에서 제외되었으며 똑똑한 것도 죄가 되었다. 여성이 받는 교육은 예의범절과 가정을 관리하는 일에 국한되었다. 하지만 강정일당은 조선 여성의 운명을 따르지 않고 주체적으로 살았으며 배움에 힘써 남편을 능가할 정도의 높은 학문적 성취에 이르렀다.

강정일당姜靜一堂(1772~1832)은 정조와 순조 대를 살다 간 여성 문인이다. 충청도 제천에서 가난한 양반 집안의 외동딸로 태어났다. 본래 친가와 외가 모두 명문가였지만 그녀의 할아버지와 아버지가 단명하면서 가세가 기울어 그녀가 태어났을 때는 경제적으로 매우 궁핍했다. 어려서는 아이들과 어울리지도 않고 자신의 감정을 잘 드러내지 않는 조용한 성격으로 자랐다.

강정일당은 스무 살에 여섯 살 연하인 윤광연尹光演과 결혼했다. 남편은 양반 가문이었지만 그 역시 매우 가난했다. 둘이 함께 살 주거 공간마저 없어 몇 년간은 따로 살아야 했다. 아홉 명의 자녀를 낳았으나 질병과 굶주림 속에 1년도 채 넘기지 못하고 모두 일찍 죽고 말았다. 생계를 위해 남편은 서당을 열고 아내는 삯바느질과 베 짜는 일을 했지만, 사흘을 계속 굶을 정도로 궁핍한 상황이 지속되었다. 그녀는 생존이 위협받는 상황 속에서도 가난을 근심하기보다는 자신이 처한 현실을 의연하게 살아가려 했다. 그녀는 남편은 학문을 하고 자신은 집안일을 맡기로 한 뒤 남편에게 다음과 같이 권면했다.

사람이 배우지 않으면 사람 노릇을 할 수 없습니다. 의리를 버리고 살기를 도모하는 것은 도를 배워 가난함을 편하게 여기는 것만 못합니다. 제가 비록 재주는 없으나 바느질과 길쌈은 대강 아니, 밤낮으로 열심히 하여 죽은 드시도록 하겠습니다. 낭군께서는 성현의 글을 읽으시고 집안일에는 괘념치 마옵소서.

강정일당은 아무리 생계가 시급해도 배우는 일이 인간의 가장 중요한 조건이라 생각했다. 가난하다고 해서 돈벌이에만 매달릴 게 아니라 주릴지언정 배움은 계속 이어져야 한다고 여겼다. 그리하여 남편의 뒷바라지를 자처하며 살림은 온전히 자신이 맡기로 했다.

그러나 강정일당 자신의 배움에 대한 열망도 접지는 않았다. 남편의 학문을 도우면서 집안일과 공부를 병행했다. 남편의 글 읽는 소리를 들으며 옆에서 글자의 음과 뜻을 물었고 한 번 배운 것은 암송하여 잊지 않았다. 바느질을 하거나 식사를 준비하다가도 틈만 나면 책을 읽었으며, 밤에 일을 마치고 나면 시간을 아껴 가며 글을 읽었다. 사람들은 그런 그녀에 대해 '부엌 안에 책상이 있었고 밥상 위에 경전이 있었다'고 증언했다.

강정일당은 단순히 유학의 도를 공부하는 데 머물지 않았다. 문장과 시를 배웠으며 글씨까지 익혀 문학과 학문, 글씨 모든 방면에서 뛰어난 수준에 이르렀다. 그 재능은 마침내 남편과 학문적 토론을 할 수준에 이르렀다. 사람들이 남편에게 행장이나 묘지명 등의 글을 지어 주기를 청하면 그녀는 공부하는 남편을 대신해 글을 써 주기까지 하였다. 그녀는 배움에 있어서는 남자와 여자가 다르지 않다고 생각했다. 여자도 힘써 노력하면 성인의 수준에 이른다고 믿었다. 도를 깨우치지 못하면 살아도 즐겁지 않다고 생각했다. 그녀에게 학문은 출세를 위한 도구가 아니라 인간다움을 보여주는 삶 그 자체였다.

강정일당은 학문만 뛰어난 것이 아니었다. 이웃에게 항상 덕을 베풀어 어질기로 칭찬이 자자했다. 당대의 학자들은 그녀에 대해 "문장이 몸을 닦고 마음을 바르게 가지는 데 정성과 공경을 위주로, 언제나 지행합일을 주장했던 재주와 덕을 겸비한 비범한 여성"이라고 기렸다.

하지만 그녀는 젊은 시절부터 워낙에 허약 체질이었다. 평생을 각종 질병으로 고생하다가 1832년 예순한 살의 나이로 세상을 떠났다. 그녀가 죽자 남편은 "공부하다가 의문 나는 것이 있으면 누구에게 물어볼 것이며, 내가 잘못하는 게 있으면 누가 바로잡아 줄 것인가?"라며 애통해 했다. 그에게 아내는 단순한 내조자를 넘어 같은 길을 걷는 동반자이자 자신을 가르치는 훌륭한 스승이었던 것이다.

유학자인 권우인權愚仁은 강정일당에 대해 "우리나라에 신사임당申師任堂과 임윤지당任允摯堂, 두 부인의 덕행이 있었는데 사임당은 시를 잘하고, 윤지당은 문장을 잘해 이름난 분들이다. 정일당은 시만 잘하는 것이 아니고, 사서史書 읽기를 좋아해서 많은 기록을 남겨 놓았다"라고 하며 신사임당과 임윤지당의 덕목을 둘 다 갖춘 여성으로 높이 기렸다.

여성 중의 군자라는 평가를 받는 강정일당의 삶과 학문적 성취는 유교적 여성관이 지배하던 시대에 한 여성의 각성과 규범에 대한 도전을 보여준다. 남녀 차별을 인정하지 않고 여성도 노력하면 성인의 경지에 도달할 수 있다고 믿으며 학문과 수양에 전념하는 모습에서 조선 후기 점차 증가하는 여성의 학문 활동과 의식의 성장을 확인한다.

/ / / / / / /

사람이 배우지 않으면 사람 노릇을 할 수 없습니다. 의리를 버리고 살기를 도모하는 것은 도를 배워 가난함을 편하게 여기는 것만 못합니다.

人以不學, 無以爲人. 與其棄義而營生, 不若聞道而安貧.

강정일당(姜靜一堂), 『정일당유고(靜一堂遺稿)』「행장(行狀)」

책을 읽는 것 자체가
살아가는 힘이다

옛 선비들은 책 읽기를 좋아하고 책을 아끼는 애서벽愛書癖이 있었다. 그 가운데서도 책을 정말 사랑한 이를 들라면 단연 이덕무를 꼽을 수 있다. 보통의 선비들은 입신양명立身揚名을 꿈꾸고 자신을 수양하기 위해 책을 읽었지만 이덕무에게 책 읽기는 삶 자체였다.

청장관靑莊館 이덕무李德懋(1741~1793)는 18세기를 살다 간 시인이다. 그는 장기나 바둑 등의 잡기를 전혀 안 했으며 세상 물정에도 어두웠다. 오직 책 보는 것만 좋아해서 춥든 덥든 굶든 병들든 가리지 않고 책만 읽었다. 남들이 쉬는 틈을 이용해 잠을 자거나 잡담을 할 때도 그는 오직 책을 읽었다.

군자가 한가롭게 지내며 일이 없을 때 책을 읽지 않고 다시 무엇을 하겠는가? 그렇지 않다면 작게는 쿨쿨 잠만 자거나 바둑이나 장기를 두고, 크게는 남을 비방하거나 재물과 여색에 힘 쏟게 된다. 아아! 나는 무엇을 할까? 책을 읽을 뿐이다.

이덕무는 어린 시절부터 단 하루도 손에서 책을 놓아 본 적이 없었다. 어느 날은 가족들이 그가 어디로 갔는지 몰라 소동이 일어 났는데 저녁에야 대청 벽 뒤에 있는 풀 더미 사이에서 글을 읽고 있는 그를 발견했다. 벽에 적힌 옛글을 보다가 날이 저문 줄도 몰 랐던 것이다. 벽에 해시계를 남몰래 그려 놓은 후에 친구들과 즐겁 게 놀다가도 일정한 시간이 되면 서재로 달려가 책을 읽었다. 여행 할 때는 반드시 책을 소매에 넣어 다녔다.

이덕무는 서얼이라 무척 가난했다. 이사를 자주 다녔으며 햇빛 이 비치지 않는 어둡고 작은 방에서 살았다. 다행히 동쪽, 서쪽, 남 쪽으로 작은 창문이 나 있어서 해가 동쪽에서 뜨면 동창 아래서 책 을 읽고 해가 서쪽으로 기울면 서창 아래에서 책을 읽었다. 글을 읽다가 새로운 깨달음을 얻으면 벌떡 일어나 이리저리 왔다 갔다 하며 소리를 질러 댔다. 집안사람들이 그가 웃는 것을 보는 때는 그가 희귀한 책을 구한 날이었다. 이덕무는 자신을 책만 보는 바 보, 곧 간서치看書痴라고 일컬었다. 치痴는 바보, 미치광이라는 뜻 이니 기꺼이 자신이 책 미치광이임을 자임한 것이다.

이덕무가 스물두 살이던 겨울밤의 일이다. 그는 작은 떳집에 살고 있었다. 방 안은 입김을 불면 성에가 될 정도로 추웠으며 이불깃에서는 버석버석하는 소리가 날 정도였다. 추위를 견딜 수가 없었던 이덕무는 『한서漢書』 한 질을 가벼운 이불 위에 죽 늘어놓아 추위를 간신히 이겨냈다. 또 찬바람이 쌩쌩 들이쳐 등불이 꺼질 듯 흔들리자 『논어』 한 권을 세워 바람막이를 만들었다. 손가락이 꽁꽁 얼어 부르텄지만 빌려 온 책을 베껴 쓰기를 멈추지 않았다.

스물여섯 살 겨울날의 일화도 있다. 이덕무는 여전히 떳집에 살았다. 벽에 얼음이 얼어 얼굴을 비출 정도였고 구들장 그을음이 눈을 시리게 만들었다. 방바닥은 울퉁불퉁해서 그릇을 고이 놓아도 엎질러졌다. 햇볕이 내리쬐면 지붕 위의 눈이 녹아 누런 물이 손님의 옷에 뚝뚝 떨어져 서로를 당황하게 만들기도 했다. 그러한 상황에도 이덕무는 책 읽기를 포기하지 않았다. 매서운 바람이 방 안으로 들이쳐도 눈이 펑펑 쏟아져 내려도 그는 항상 책을 읽었다.

큰 눈이 내리던 어느 날 이웃의 어르신이 큰 빗자루를 들고 와 새벽에 문을 두드렸다. 혹시 이덕무가 얼어 죽은 것은 아닌지 걱정이 되어서였다. 차마 문을 열어 보지는 못하고 끌끌 혀를 차며 중얼거렸다. "쯧쯧! 불쌍하구먼. 허약한 선비가 얼어 죽은 건 아니겠지?" 불쌍했는지 눈에 묻힌 신발도 털어 주고 눈을 쓸어 주었다. 그사이에도 이덕무는 이불 속에서 옛글 서너 편을 외우고 있었다. 겨울은 몹시 혹독했지만 그는 책이 있어 버틸 수가 있었다. 책을 읽음으로써 추위를 잊었고, 배고픔을 잊었으며, 근심에서 벗어났다. 끼니는 끊길망정 글 읽는 소리는 멈추지 않았다. 이덕무에게 책 읽기는 존재를 증명해 주는 전부이자 삶 자체였다.

책만 읽었던 그는 정조가 실시한 서얼 우대 정책에 발탁되어 최초로 규장각의 검서관이 되었다. 검서관은 책을 필사하고 편찬, 교감하는 일을 맡은 직책이다. 정규직이 아닌 잡직이었으며 박봉이었다. 하지만 책을 가장 사랑했던 이덕무는 무척 행복했다. 정조의 명령을 받아 백동수, 박제가와 함께 최초의 종합 무예서인『무예도보통지武藝圖譜通志』를 편찬했으며,『국조보감國朝寶鑑』,『대전회통大典會通』,『송사전宋史筌』등 많은 서적의 편찬과 교감에 직접 참여하였다. 53세에 폐렴에 걸려 갑작스레 세상을 떠나기까지 오직 책에 묻혀서 책과 더불어 살다 갔다.

가난한 자는 책으로 부유해진다는 말이 있다. 책에 담긴 삶의 지혜와 다양한 지식은 부귀의 길로 이끌 수 있다. 하지만 부귀하지 않은들 어떠랴? 책이 주는 이익은 돈에 있지 않다. 책을 읽는다는 것, 그 자체가 살아가는 힘이고 생기가 된다.

/ / / / / / /

나는 무엇을 할까? 책을 읽을 뿐이다.
吾何爲哉? 讀書而已.

　　이덕무(李德懋),『청장관전서(靑莊館全書)』「이목구심서(耳目口心書)」

스스로
다 안다고 말하지 말라

항해沆瀣 홍길주洪吉周(1786~1841)는 평생을 오로지 책 읽고 글 쓰는 일만 하고 살았던 19세기 문인이다. 연암 박지원을 가장 존경하고 그의 글 닮기를 소망한 연암 마니아이기도 했다. 그는 젊은 시절부터 권력에 관심을 뚝 끊고 과거를 포기한 채 방 안에서 독서와 글쓰기에 전념했다. 당시 부정과 부패로 얼룩진 과거제에 대한 혐오 때문이라고도 하고 형제 모두가 유명해지는 것을 꺼린 어머니의 만류 때문이라고도 한다. 당시 큰형인 홍석주는 좌의정까지 오른 대학자였고 동생인 홍현주는 정조의 고명딸에게 장가들어 영명위永明尉에 봉해졌다. 홍길주까지 유명해지면 자칫 형제 모두가 큰 화를 당할까 어머니는 염려한 것이다.

일리가 있는 말이지만 홍길주는 이미 입신양명의 길이 적성에 맞지 않는 사람이었다. 그는 말수가 적었으며 사람들과 어울리는 것을 싫어했다. 사람들과 부대끼며 지내기보다 혼자서 골똘히 사색하기를 즐겼다. 자신에게는 매우 엄격하고 남에게는 너그러운 성품을 지녔다. 남의 결점이나 흠도 수용할 줄 알았다.

그런 그가 남에게 뒤지기 싫어하는 것이 하나 있었다. 바로 앎에 대한 열망이었다. 홍길주는 죽을 때까지 더 배우고, 더 알고 싶어 했다. 오죽했으면 꿈속에서도 여러 차례 시를 쓰고 과거 시험에 제출하는 글을 지었다고 한다.

홍길주는 평소 망연자실茫然自失이란 말을 금과옥조로 여겼다. 망연자실의 본래 뜻은 제정신을 잃고 어리둥절한 상태로 있는 것이다. 그러나 그는 남의 실력을 보고 분발하는 마음을 갖는다는 뜻으로 쓴다. 홍길주는 남의 훌륭한 글을 보면 감탄하는 데 머물지 않고 따라잡으려고 애썼다. 위대한 인물을 보면 "저 사람과 나는 나이가 차이 나지 않고 재주도 크게 차이 나지 않는다. 저 사람이 배운 것은 모두 내가 읽은 것이고 저 사람이 하는 말은 다 내가 아는 것이다. 어찌 저 사람만이 신기한 재주를 지니고 나는 할 수 없겠는가?"하며 그를 따라가려고 부단히 노력했다.

쉰두 살에는 다음과 같은 고백을 했다.

세상에서 총명하며 아는 것이 많은 사람이 스스로 나의 지식은 이미 완전해서 더할 곳이 없다고 말하는 것을 나는 믿을 수가 없다. 거백옥은 나이 예순이 되어서도 변화했다 하니, 어찌 예순 이

전에 했던 것이 모두 좋지 않은 것이었겠는가? 그저 부족한 것을
더 보탠 것일 뿐이다. 가령 천팔백 살을 살게 되어도 대개 그쳐서
더 나아감이 없는 날은 없을 것이다. 스스로 다 안다고 말하는 자
들은 하나도 모르거나 반도 이해하지 못한 자라고 생각한다.

『수여난필속睡餘瀾筆續』

사람은 나이가 들면 안주하고 싶어진다. '이만하면 됐지' 하며
더 배우기보다 그 자리에 주저앉고 편안함을 누리려 한다. 그러나
홍길주는 나이에 개의치 않고 더 알고 더 배우고 싶어 했다. 지식
에 대한 그의 열망은 집착이라고 불러도 좋을 만큼 강렬했다. 그가
생각한 지식은 문자로 된 책이나 글에 머무르지 않았다.

문장은 다만 독서에 있지 않고, 독서는 다만 책 속에 있지 않다.
산과 시내, 구름과 새나 짐승, 풀과 나무 등의 볼거리 및 일상의
자질구레한 일들이 모두 독서다.
文章不但在讀書, 讀書不但在卷帙.
山川雲物鳥獸草木之觀, 及日用瑣細事務, 皆讀書也.

그에 따르면 아침저녁으로 눈과 귀로 접하는 해와 달, 바람과
구름, 새와 짐승의 변화하는 모습에서 손님과 하인이 주고받는 자
질구레한 말에 이르기까지 어느 것 하나 책 아닌 것이 없다. 그는

일상의 모든 존재에게서 의미를 새롭게 읽어 내고 배우려고 했다.

홍길주의 앎에 대한 추구는 무지無知의 자각에서 삶을 출발한 소크라테스와 맞닿아 있다. 소크라테스는 자신의 무지를 스스로 깨달을 때 선과 악을 구별하여 덕德을 펼칠 수 있다고 했다. 홍길주 역시 자신의 무지를 되새기고 새로운 앎을 위해 날마다 배웠다. 끊임없이 새로운 시선과 생각으로 글을 쓴 결과 19세기를 대표하는 뛰어난 문장가로 우뚝 서게 되었다. 다음은 그가 쓴 글이다.

지식은 보잘것없으면서 스스로 다 안다고 말하는 자는 반드시 크게 어리석은 사람이다. 지난 뒤 다 알지 못하던 것을 깨닫고 나면 반드시 오늘 내가 아는 것이 다가 아님을 깨닫게 된다. 스스로 다 안다고 말하는 사람은 오래도록 지식에 진전이 없었던 사람이다.

『수여연필睡餘演筆』

///////

아는 것이 이미 완전하다고 스스로 말하는 자는 알지 못하는 자다.
自謂吾知已至者, 不知者也.

홍길주(洪吉周), 『숙수념(孰遂念)』「오로원기(吾老園記)」

남이 한 번 하면
나는 백 번 한다

포저浦渚 조익趙翼(1579~1655)은 조선 중기의 학자이자 정치가다. 그는 학맥으로 이어진 조선조 사회에서 어느 학파에도 속하지 않고 자유로운 학문 활동을 펼친 인물이다. 오직 성리학만을 숭상하던 시대에 양명학도 수용하는 등 열린 생각을 지녔다.

조익은 다섯 살에 시를 짓고 여덟 살에는 상소문을 쓸 정도로 영특했다. 벼슬에 뜻이 없어 과거를 보지 않았으며 그저 열심히 문장 훈련을 하였다. 하지만 어려운 가정 형편과 할아버지의 권고를 거스를 수 없어 과거에 응시하여 스물네 살에 급제했다.

스물여섯 되던 새해 아침, 조익은 밤새 잠을 이루지 못하고 일어나 앉았다. 어느덧 나이는 이십 대 중반인데 학문적으로 아무 진전이 없다는 자괴감이 들었던 것이다. 사회 초년생으로 정신없이 지내다 보니 정작 가장 중요한 배움은 뒷전이 되었다는 생각이 들었다.

그 시대에 이십 대 중반이면 오늘날의 중년에 해당하는 때이니 그의 근심은 매우 절실한 것이었다. 훌쩍 가버리는 시간, 자신을 돌아볼 여유가 없는 삶에 초조해진 조익은 새해의 잠언을 지어 새롭게 다짐했다.

스물여섯 새해 아침, 세월은 빨리 지나가는데 학문의 진전은 도탑지 못함을 나는 탄식했다. 닭 울음소리에 앉아 있으려니 근심에 겨워 즐겁지가 않다. 이에 자신을 바로잡는 뜻으로 잠箴을 짓는다.

그 잠의 일부분은 다음과 같다.

오늘 맞은 정월 초하룻날
해 바뀐 것이 또 놀라울 뿐
개탄스럽다 새해 되었으니
내 나이 스물여섯이네.
이미 지난 몇 년 세월은
눈 한 번 깜박인 것과 같네.
서른 살 마흔 살 나이도
또한 금방 닥치리라.

지금 이후의 세월은

촌각도 아끼리라.

다시 즐기며 보낸다면

헛되이 살 것은 뻔하다.

스스로 새롭도록 힘쓰면서

옛 습관 통렬히 고치리라.

갈고닦고 굳세게 하여

남이 한 번 하면 나는 백 번 하리.

今値元朝, 又驚歲易. 慨嘆新年, 已二十六. 前過數年, 一瞬相似.

三十四十, 亦幾何至. 此後歲月, 一刻可惜. 若復把翫, 虛生也必.

惟務自新, 痛革前習. 刻厲堅固, 人一己百.

조익이 시간을 아껴 공부하기 위해 다짐한 내용은 이런 것들이다. 손님과 이야기할 때 실없는 한담 나누지 않기, 술 자제하기, 장기와 바둑 즐기지 않기. 그는 허비하는 시간 없이 공부에 전념하겠다는 굳은 다짐으로 글을 마무리했다. 그리하여 조익은 배움에 오롯이 전념하여 도덕과 문장은 물론, 서화까지 두루 뛰어난 학자의 발자취를 남겼다. 정치적 부침을 겪기는 했지만 마지막에는 좌의정까지 올랐다.

북송 시대 학자 사마광司馬光은 어릴 적에는 잠이 많고 놀기를 좋아하는 평범한 소년이었다. 어느 날 수업 시간에 꾸벅꾸벅 졸다가 선생님에게 크게 꾸중을 듣고 마음을 다잡았다. 그날 이후, 그는 남들과 똑같이 지내서는 남들을 따라갈 수 없다고 생각하고 늦잠 자는 습관을 고치기 위해 오줌이 마려워도 그대로 잠자리에 들었다. 하지만 이부자리를 자주 적시는 문제가 생겼고, 이에 둥근 나무 베개를 베고 잠을 잤다. 몸을 움직이면 머리와 몸이 침대에서 떨어지는 바람에 일찍 깰 수 있었다. 남들보다 일찍 깨어나 부단히 노력한 끝에 그는 마침내 불후의 역사책인 『자치통감資治通鑑』을 저술했다.

남과 똑같이 해서는 결코 남보다 앞설 수 없다. 남이 한 번 할 때 나는 몇 배 각고의 노력을 기울여야 원하는 바를 이룰 수가 있다. 『중용』은 다음과 같이 말한다.

남이 한 번에 능숙하면 나는 백 번을 하고,
남이 열 번에 능숙하면 나는 천 번을 한다.
과연 이 방법을 해낼 수 있다면
아무리 어리석어도 반드시 똑똑해질 것이고,
아무리 유약해도 반드시 강해질 것이다.
人一能之, 己百之, 人十能之, 己千之.
果能此道矣, 雖愚, 必明, 雖柔, 必强.

세상에는 간혹 똑같은 힘을 쏟고도 발군의 실력을 보이는 이가 있다. 또 노력을 기울인다고 해서 좋은 실력과 재능을 보이는 것도 아니다. 그러나 많은 경우, 어떤 일을 능숙하게 하는 힘은 머리에 있지 않고 열정과 반복되는 노력에 있다.

//////

남이 한 번 하면 나는 백 번 한다.
人一己百.

조익(趙翼), 『포저집(浦渚集)』 「원조잠(元朝箴)」

일 년을 배우면
일 년 동안 사람 노릇한다

보통의 사람은 어느 정도의 성취를 이루면 안주한다. 이만하면 됐다 싶은 것이다. 하지만 오직 배움을 위해 모든 삶을 걸었던 사람이 있다. 주도이周道以는 경남 함안 사람으로 이황의 친구였던 주세붕周世鵬의 후손이다. 평생 진리를 좇으며 살겠다는 뜻을 담아 도이라 이름 지었다.

주도이는 조용한 성격에 말수가 적었다. 허약한 체질이어서 병을 달고 살았다. 하지만 배움에 대한 열정만큼은 누구보다 뜨거웠다. 명예와 돈에는 관심이 없었다. 과거 공부를 해서 출세하는 일보다 새로운 지식을 탐구하는 길을 택했다.

'한양은 인물과 문명이 모이는 곳이다. 한양으로 가서 더 넓은 세계를 공부하자.'

주도이는 무작정 빈손으로 상경해서 미호渼湖 김원행金元行의

문하에 들어갔다. 그는 생쌀과 거친 나물을 먹으며 객지 생활을 했다. 때로는 입고 있던 옷을 팔아 끼니를 잇기도 했다. 하지만 그는 결코 자신의 처지를 슬퍼하지 않았다. 오직 새로운 지식에 대한 열망으로 성리학의 울타리를 넘어 다양한 지식을 탐구했다.

조선의 울타리에 안주할 수 없었던 주도이는 중국의 북경에 들어가 4년간 새로운 문물과 지식을 배웠다. 돈 한 푼 없고 후원해 주는 이도 없었다. 입에 맞지 않는 음식과 풍찬노숙의 생활로 인해 그의 몸은 나날이 망가져 갔다. 그래도 그는 후회하지 않았다. 지식은 나날이 진보되었고 사유는 깊어졌다.

국내로 돌아온 주도이는 잠시 고향에 들른 후 석실서원으로 돌아가 공부에 힘을 쏟았다. 그러던 중 몸도 약한데다 잘 먹지도 못한 탓에 병이 깊어지고 말았다. 결국 아내가 아이를 낳은 사실도 모른 채 서른의 꽃다운 나이에 생을 마감했다.

그의 생애는 홍대용의 글을 통해 알려지게 되었다. 홍대용은 스승인 김원행 문하에서 주도이와 함께 배우던 사이였다. 홍대용은 아픈 중에도 아침저녁으로 글을 읽는 그의 모습에 큰 감동을 받았다. 그가 꿈을 펼쳐 보지도 못하고 세상을 떠난 것이 안타까웠던 홍대용은 주도이의 삶을 기리는 애사哀詞를 지었다.

사람이 짐승과 다른 것은 배움 때문이다. 공자는 아침에 도를 들으면 저녁에 죽어도 좋다고 했고, 군자는 생을 마치도록 남에게 이름이 불리지 않는 것을 미워한다고 했다. 하루를 배우면 하루를 사람 노릇 하고 일 년을 배우면 일 년 동안 사람 노릇 하는 것이다. 저 나이 칠팔십 되도록 짐승처럼 살다가 죽는 자가 무엇이 귀하다 하겠는가?

홍대용은 평생 배움에 힘썼던 주도이의 삶을 증언하면서 그가 요절한 것을 슬퍼했다. 주도이야말로 아침에 도를 들으면 저녁에 죽어도 좋다던 공자의 말씀을 실천하다 떠난 사람이었다. 속세의 눈으로 보자면 주도이는 가족을 소홀히 한 무능력한 사람으로 비칠 수도 있다. 그러나 상식의 눈에서 벗어나 오직 배움에 대한 뜨거운 열정에 주목한다면, 한 인간의 순수한 열망을 읽게 된다.

배우지 않으면 인간은 짐승과 차이가 없다. 주도이의 삶은 권력과 물질의 욕망만을 좇는 사람들에게 인간의 본질이 무엇인지를 생각하게 한다.

///////

하루를 배우면 하루를 사람 노릇 하고
일 년을 배우면 일 년 동안 사람 노릇 한다.
一日爲學, 爲一日之人, 一年爲學, 爲一年之人.

　　홍대용(洪大容), 『담헌서(湛軒書)』「주도이애사(周道以哀詞)」

한창 때 힘쓰지 않으면
썩은 풀과 함께 사라진다

충암冲菴 김정金淨(1486~1521)은 도학 정치를 실현하여 새로운 세상을 꿈꾸었던 조선 중기의 학자다. 김정은 말수가 적고 진중한 스타일이었다. 어려서부터 나라를 위해 일하고자 하는 마음을 품었다.

학업에 한창 힘을 쏟던 스무 살 때, 그는 문득 인생에 대한 고민에 휩싸였다. 인간도, 하찮은 벌레도 언젠가는 모두 흙으로 돌아간다는 데 생각이 미치자 인생무상을 느꼈다.

「우구잠憂懼箴」에서 김정은 다음과 같이 말한다.

왕과 제후든 땅강아지든 모두 한 언덕에서 삶을 마치는구나.
세상만사가 모두 꿈이니 인생 백 년에 무엇을 근심하랴?
王侯蟻螻, 同盡一丘. 萬事皆夢, 百年何憂?

앞의 두 구절은 두보의 시 「알문공상방謁文公上方」에 있는 "왕과 제후든 땅강아지든 함께 죽어 언덕으로 돌아가네王侯與螻蟻 同盡墮丘墟"에서 가져온 것이다. 인생무상을 느끼자 그는 문득 자신이 안고 있는 근심이 하찮은 것이라는 생각에 이르렀다. 근심하느라 기력을 소진하기보다 인생에서 정말로 가치 있고 의미 있는 일을 해야겠다고 결심했다. 그는 어리석은 자는 어영부영 살다가 아무것도 이루지 못하지만 지혜로운 자는 분발하여 영원히 썩지 않는 향기를 남긴다고 생각했다. 그리하여 편하게 노는 것을 경계한 「일락잠逸樂箴」에서는 다음과 같이 읊었다.

파도를 질주하고 골짝을 내달려도 백 세 인생 금세 지나가니,
한창 때 힘쓰지 않으면 썩은 풀과 함께 사라지리.
馳波赴壑, 百年易盡, 盛壯不力, 腐草俱泯.

김정은 다시 마음을 다잡고 학업에 더욱 부지런히 힘을 쏟았다. 그리하여 스물두 살에 장원급제 했고 본격적으로 정치의 길을 걷기 시작했다. 관직에 들어선 후에는 이른바 좋은 벼슬이라 할 요직을 두루 거쳤다.

그렇다고 김정이 벼슬이나 권력에 욕심을 두었던 것은 아니었다. 번번이 고향으로 내려가 부모를 모시며 살려고 했다. 그러나 함께 개혁을 펼쳐 가기를 요청하는 조광조의 뜻을 거절하지 못했

다. 숨은 인재를 발굴하고 미신을 타파했으며, 향약을 전국에 보급하여 백성들을 교화했다. 개혁 정책은 거의 두 사람이 주도하다시피 했다.

그러나 기묘사화 때 훈구파가 조광조를 모함하여 몰아내면서 김정도 감옥에 갇히는 신세가 되었다. 그는 금산에 유배되었다가 진도를 거쳐 제주도로 옮겨 가며 귀양살이를 했다. 제주도에서 유배 생활을 할 때는 주민들의 생활상을 살피고 듣고 본 바를 기록하여 최초의 제주풍토지라 할 『제주풍토록』을 남기기도 했다.

하지만 금산에서 유배 생활할 때 고향의 병든 어머니를 만나러 갔던 사실이 빌미가 되어 사약이 내려졌다. 그는 얼굴빛 하나 변하지 않고 늙은 어머니를 잘 봉양할 것을 당부하는 글을 남긴 채 기꺼이 죽음을 맞았다. 그의 나이 서른여섯이었다. 비록 김정의 개혁은 좌절되었고 삶은 짧았지만, 그의 업적과 정신은 후세에 길이 전해졌다. 인종 때 벼슬이 복직되고 선조 때는 문간공文簡公이란 시호를 받았다.

젊은 시절에는 젊음이 영원할 것 같지만, 지나고 나면 잠깐이고 하룻밤의 꿈과 같다. 주자는 "봄풀은 아직 깨지도 않았건만 오동나무 잎은 가을 소리를 전해 준다未覺池塘春草夢 階前梧葉已秋聲"라고 읊었다. 봄의 정취를 맡기도 전에 이미 가을이 오고 마는 것이다. 세월은 나를 기다려 주지 않는다. 어? 하는 사이에 젊음은 가버리고 특별히 이룬 것도 없는데 주름만 자글자글해진다.

도연명은 「잡시雜詩」에서 말한다. "젊은 시절은 다시 오지 않고, 하루에 새벽은 두 번 오지 않는다. 늦기 전에 마땅히 부지런히 힘쓰라. 세월은 사람을 기다리지 않는다." 순간의 시간을 가벼이 보내지 말자. 지금 오늘을 충실하게 살자.

/ / / / / / / /

한창 때 힘쓰지 않으면 썩은 풀과 함께 사라진다.
盛壯不力, 腐草俱泯.

　　　　　김정(金淨), 『충암집(沖菴集)』 「십일잠(十一箴)」 '일락잠(逸樂箴)'

책을 한 번 읽는 것이
차 한잔 마시는 것보다 낫다

정조는 역대 임금 가운데 누구보다 책 읽기를 즐긴 왕이다. 정조는 자기 자신을 군주이자 스승인 군사君師로 자임하며 신하들을 가르칠 정도로 많은 책을 읽었다. 정조는 배움이 도덕과 윤리를 돕고 세상을 다스리는 데 실제적인 도움이 되어야 한다고 생각했다. 하나의 틀에 매이는 독서를 사법死法으로 규정하고 상황에 따라 유연하게 확장해 읽는 활법活法의 독서를 지향했다. 경학과 주자학을 중심에 두고 천문, 의학, 병술, 도가 등 제자백가서와 실용서에 이르는 전 분야의 서적을 폭넓게 읽었다. 『홍재전서弘齋全書』를 살펴보면 정조가 읽은 문헌이 375종이며 중국본 뿐만 아니라 우리나라 본도 76종에 이른다. 문화 부흥을 이끈 원동력이 정조의 독서 사랑에 있었다.

정조의 독서벽은 남달랐다. 글 읽는 소리를 듣기 좋아해서 밤늦도록 장단에 맞춰 무릎을 쳐 가며 글을 읽었다. 종일 꿇어앉아 책을 읽다가 바지가 뚫릴 정도였다. 어릴 때 이미 사서와 이경二經을 독파했으며 세자 시절에 우리나라 문집을 수백 권 읽었다.

정조의 각별한 독서 습관은 할아버지인 영조의 특별한 관심 덕분이었다. 정조는 여덟 살 때 왕세손에 책봉되었다. 세손이 된 정조는 왕세손의 교육을 맡은 강서원講書院에서 각종 경전과 역사서를 읽었다. 영조는 세손의 공부 상황을 일일이 확인하여 공부한 내용을 직접 질문했으며 세손의 교육을 맡은 관원에게 공부의 진행 상황을 수시로 검사하였다. 세자 교육에 대한 영조의 특별한 관심 덕분에 정조는 책을 더욱 열심히 읽으며 왕으로서의 자질을 배웠다. 왕위에 오른 후 정조는 할아버지 영조의 각별한 교육에 대해 다음과 같이 고백했다. "지금 내가 일상에서 사용하는 글은 모두 어릴 적 읽은 데서 나왔다. 나는 어릴 때 이미 사서와 『시경』, 『서경書經』을 읽고 매번 선조 대의 전질全帙을 공부해서 익숙하게 읽고 외울 수 있었다. 지금 생각하면 선대왕 영조께서 가르치신 공이 아님이 없다."

정조의 아버지인 사도세자가 뒤주에 갇혀 죽은 1762년, 열한 살의 세손 정조는 왕세자가 되었다. 왕세자가 된 정조는 시강원에서 교육을 받게 되었는데, 이른바 서연書筵이라 불리는 독서 교육을 받았다. 서연은 조선 시대 왕세자를 위한 교육 제도로써 책을 공부하기 위해 만든 자리란 뜻이다. 왕의 자질을 익히기 위해 주로 유교 경전이나 사서와 관련한 책을 가르쳤다. 효와 충신忠信을 강조했으며 『소학』과 『효경』을 먼저 가르쳤다. 조선 시대 임금들이 효를 특별히 강조한 것은 충과 효를 가장 중요한 윤리 덕목으로 가르치는 국가 이데올로기 때문이다.

정조는 책을 읽으면 반드시 초록抄錄했다. 초록은 필요한 내용을 간추려서 뽑아 정리하는 것이다. 정조는 책은 반드시 외울 수 있을 때까지 반복해 읽어야 하며 책을 볼 때는 반드시 초록해야 한다고 말한다. 그래야 오래도록 활용할 수가 있다는 것이다.

하루는 정조가 자신이 초록해서 편집한 『주자대전』과 『왕양명집』 등을 신하인 이곤수에게 보여주었다. 이곤수는 문집을 초록하면 정신 낭비가 심해지는데 어이해 생각을 번거롭게 하느냐고 아뢰었다. 이에 정조는 다음과 같이 말했다. "책을 볼 때 한두 번 자세히 읽어도 열에 아홉은 잊어버린다. 그런데 손으로 직접 초록하게 되면 단락 앞뒤의 흐름을 여러 번 보게 된다. 게다가 나는 책 보는 벽이 있는데 매번 한 질을 다 읽고 나면 초록하여 두었다가 한가한 때에 수시로 펼쳐 보는 것이 재미가 있다." 초록하면 중요한 대목을 잊지 않고 기록해 둘 수 있을 뿐만 아니라 글의 흐름을 잘 파악할 수 있다는 것이다.

정조는 매번 한 질을 다 읽고 나면 초록을 해두어 수시로 펼쳐 보았으며 심지어 경전까지 초록했다. 한 신하가 경전은 추려 뽑아서는 안 된다고 지적하자 정조는 공자가 『시경』과 『서경』을 만든 것도 초록한 결과물이라고 일깨워 주었다. 『시경』은 본래 중국 고대 백성들의 민요를 수집한 글이고 『서경』은 중국 고대 황제들의 어록을 편집한 책이다.

또한 정조는 독서자는 매일매일 공부할 과정課程을 세우는 것이 가장 중요하다고 강조한다. 정조는 하루에 글을 몇 번 읽고 몇 줄 읽을 것인지까지 반드시 과정을 정해 놓고 아무리 바쁜 일이 있어도 반드시 실천했다. 정조는 독서 분량이 많아지자 독서기讀書記를 따로 만들었다. 독서기는 책 읽은 주제를 경經, 사史, 자子, 집集으로 분류한 후 각 책 아래에 작가와 범례를 자세히 기록하고 책을 읽은 연도와 소감을 적어 넣은 것이다. 정조는 독서기를 작성하여 평생의 공부를 일목요연하게 살피고 부족한 점을 보완해 갔다.

정조는 겨울이면 날짜별로 과정을 정해 책을 읽었다. 어느 겨울에는 『춘추』를 20일 만에 완독하자 자궁慈宮(죽은 왕세자의 빈嬪)인 혜경궁 홍씨가 기뻐하며 책씻이 기념으로 반찬을 직접 차려 주기도 했다. 정조가 조선조 역사상 독서 대왕으로 자리매김할 수 있었던 배경에는 세자 시절부터 하루도 빠짐없이 독서량을 정해 놓고 목표를 반드시 수행한 독서 방법이 있었다.

정조는 겨울철마다 반드시 한 질의 책을 과정을 정해 읽었으며 밤이면 반드시 새벽녘까지 책을 읽었다. 어려운 환경 가운데 고생하면서 공부하는 선비보다 더욱 부지런히 책을 파고들었다. 좋아서 하는 일이기에 피곤한 줄도 몰랐다. 어떤 날은 책을 읽다가 잠이 들 뻔했는데 닭 울음소리가 나자 맑은 마음이 절로 생겨 기운을 회복하기도 했다. 정조는 가슴이 답답할 때는 책을 읽으면 마음이 안정되고 기분이 바뀌었다고 고백하기도 했다.

어떤 이는 가슴이 답답한 사람은 책을 읽을 수가 없는 것이 근심이라고 말한다. 내가 근래에 신하들은 드물게 만나고 책을 가까이하여 정해진 독서를 하느라 더러 밤을 새우기도 하는데, 읽으면 읽을수록 마음이 편안하고 탁 트이는 것을 깨달을 수 있었다. 책을 한 번 읽는 것이 차 한잔을 마시는 것보다 나은데, 요즈음은 이 맛을 아는 사람이 드물다.

걱정이 가득한 사람은 정신이 어지러우므로 책을 제대로 읽을 수가 없다. 그런데 정조는 반대로 책을 읽으면 마음이 편안해지고 가슴이 탁 트인다고 말한다. 책을 한 번 읽는 것이 차를 한잔 마시는 일보다 더욱 맛나다고 말한다. 책을 읽는 것은 차를 마시거나 밥을 먹는 것과 매한가지라고 말하기도 한다. 정조에게 독서는 맛있는 한 끼 식사이자 늘 반복해서 익숙해진 습관이었다.

매일 독서 분량을 정해 놓고 목표를 달성해야 잠이 들었던 정조의 독서 습관은 임금이 된 이후에도 변함없이 이어졌다. 일반 사대부들과 별반 다르지 않은 독서 목적과 독서 태도를 지녔음에도 군사君師로 자임할 정도의 풍부한 학식을 보여줄 수 있었던 배경에는 정조의 남다른 독서 습관과 애서벽이 있었다. 정조는 각별한 독서벽을 바탕으로 책의 정치를 펼쳐 나가, 호학好學 군주로서의 위상을 만들어 갈 수 있었다.

/ / / / / / / /

책을 한 번 읽는 것이 차 한잔을 마시는 것보다 낫다.
讀一遍書, 勝飮一椀茶.

정조, 『일득록(日得錄)』 「문학(文學)」

정사를 잘하려면 반드시
책을 읽어라

독서의 진정한 힘은 지혜를 깨우치게 하고 세상을 바라보는 시야를 넓히는 데 있다. 독서를 통해 인간은 자신을 돌아보고 세계의 변화를 파악하며, 시대의 흐름에 적극적으로 대응해 나간다. 책을 읽음으로써 우리는 인간을 더욱 넓게 이해하고 세상을 경영하는 지혜를 배운다.

우리나라 역대 임금 가운데 가장 인기 있는 세종대왕 역시 역대 어느 임금보다 독서를 사랑한 호학 군주이자 독서광이었다. 특히 세종대왕은 책을 즐겨 읽었기에 임금의 자리에 올랐고 책을 읽음으로써 위대한 통치자의 면모를 갖출 수 있었다.

조선의 4대 임금인 세종대왕(1397~1450)은 조선 시대 사회 문화 정치 제 방면에서 역사상 가장 찬란한 업적을 이루었다. 천민 출신 장영실을 등용하여 혼천의, 측우기, 해시계, 자격루를 발명했으며

『농사직설』, 『향약집성방』, 『자치통감훈의』, 『삼강행실도』, 『효행록』, 『고려사』 등 각종 서적을 간행하고, 경자자 갑인자 병진자 등의 활자를 주조하여 출판문화를 일으켰다. 야인 정벌과 6진 설치 등 영토를 확장하고 조선통보 주조, 새로운 천문도 제작에 이르기까지 조선을 동아시아 최고의 과학 강대국으로 만들었다. 나아가 백성을 최우선 순위에 두고 선정을 펼친 성군이었다. 집현전 학자들과 머리를 맞대고 만든 훈민정음은 오늘날 세계에서 가장 우수한 문자로 손꼽힌다. 이같이 세종대왕을 우리나라 역사상 최고의 통치자로 만든 기반은 남다른 독서열이었다.

본래 세종은 태종의 셋째 왕자였으므로 왕위에 오를 자격이 되지 않았다. 하지만 태종은 셋째 왕자인 충녕대군의 독서 태도를 높이 사서 그를 세자로 책봉했다. 세종은 세자 시절부터 밤낮으로 책을 읽었다. 병이 생겨도, 밥 먹을 때도, 깊은 한밤중에도 손에서 책을 놓지 않았다. 아침부터 밤까지 책 읽기를 그치지 않은 탓에 몸이 허약해지고 병이 점점 심해졌다. 태종은 이를 염려하여 내시를 시켜 세종이 거처하는 곳의 책을 모두 거두어 오게 했다. 하지만 『구소수간』 한 권은 병풍 뒤에 가려지는 바람에 남아 있었다. 세종은 이 책을 천백 번 읽었다고 한다.

세종은 날마다 백 번 읽고 백 번 쓴다는 의미의 '백독백습百讀百習'을 실천했다. 『세종실록』에는 "글은 읽지 않은 것이 없으며 무릇 한 번이라도 귀나 눈에 거친 것이면 종신토록 잊지 않았는데,

경서를 읽을 때는 반드시 백 번을 넘게 읽고, 자사子史는 반드시 서른 번을 넘게 읽고, 성리학을 정밀하게 연구하여 고금에 모든 일을 통달하셨다"라고 기록하고 있다. 한 권의 책을 반복해서 읽는 것은 책의 이치를 하나로 꿰뚫기 위함이었다.

그렇다고 해서 세종의 책 읽기가 정보를 얻거나 지적 욕구를 채우는 데 머무는 건 아니었다. 세종은 책을 읽음으로써 나라를 경영하는 데 실제 도움을 얻었다.

내가 경서와 사기는 보지 않은 것이 없고 또 지금은 늙어서 능히 기억하지 못하나 지금에도 오히려 글 읽는 것을 치우지 않는 것은 다만 글을 보는 동안에 생각이 일깨워져서 여러 가지로 정사에 시행되는 것이 많기 때문이다. 이로써 본다면 글 읽는 것이 어찌 유익하지 않으랴.

세종은 책을 읽어 세상의 이치를 깨닫고 마음을 바로잡을 때 나라가 올바로 다스려지고 천하가 평안하게 된다고 생각했다. 동활자 등을 비롯한 새로운 활자의 제작도 책이 더욱 널리 보급되기를 바라는 세종의 책 사랑이 낳은 결실이었다.

세종은 독서의 효과를 극대화하기 위해 거의 매일 경연經筵을 열었으며 재위 30여 년 동안 2천여 회의 경연을 열어 신하들과 활발한 토론을 펼쳤다. 역대 조선의 임금 가운데 가장 많은 학술 경연이었다. 독서 토론을 통해 서로의 의견을 듣고, 생각을 교정하고, 더 나은 방향을 제시함으로써 나라를 다스리고 천하를 태평하게 하는 방책을 얻었다. 세종은 신하들의 의견을 함부로 무시하거나 억누르지 않았다. 자신과 견해를 달리하는 신하들의 생각을 존중하고 경청했다. 세종의 독서 철학 덕분에 경연장은 활발한 정치 토론장이 되었고, 국가 경영의 좋은 아이디어가 막히지 않고 자유롭게 나왔다.

세종대왕의 탁월한 업적 토대는 책 읽기에 있었다. 독서가 가장 유익하다고 생각한 세종은 몸과 마음을 수양하고 나라를 경영하는 근원을 책 읽기에서 찾았다. 아침부터 밤늦도록 손에서 책을 놓지 않았으며, 배운 것을 국가 경영에 적용했다. 훈민정음의 창제는 세종의 책 사랑과 애민 정신이 낳은 최고의 결정체라 하겠다.

////////

지금에도 오히려 글 읽는 것을 치우지 않는 것은 다만 글을 보는 동안에 생각이 일깨워져서 여러 가지로 정사에 시행되는 것이 많기 때문이다. 이로써 본다면 글 읽는 것이 어찌 유익하지 않으랴.
今尙不輟者, 只爲觀覽之間, 因以起意, 施諸政事者頗多.
以此觀之, 讀書豈不有益?

세종대왕, 『세종실록』 세종 20년 3월 19일

2장

나는 나의 삶을
살아갈 뿐이다

나는
나의 삶을 살아갈 뿐이다

사람들은 보통 사회가 정해 놓은 질서에 순응하며 살아간다. 소외감을 느끼지 않고 세상의 유행을 따라 편안하게 살고 싶은 것이다. 그러나 때로는 세상의 틀에 갇히기를 거부하고 자신만의 길을 당당하게 걸어간 사람들이 있다. 교산蛟山 허균許筠 (1569~1618)도 그 가운데 한 사람이다.

허균은 낡은 관습을 바꾸고 싶어 했던 개혁가이자 뛰어난 시인이며 실력 있는 비평가였다. 허균은 최고의 명문 집안에서 태어나 아홉 살에 이미 시와 글을 짓고 열두 살에 『자치통감』과 『논어』를 깨우쳤다. 스물여섯에 문과에 급제했으니 규범대로 살기만 해도 앞길은 창창하게 보장되어 있었다.

하지만 허균은 사회적으로 성공한 사람들과 어울리는 대신 소외된 사람들과 어울렸다. 허균이 사귄 사람들은 당시에 사회적으로 멸시받던 서얼이나 승려, 화가들이었다. 심지어 기생들과도 거리낌 없이 어울렸다. 그런 행동은 허균을 싫어하는 사람들에게 비난의 빌미를 제공했지만 그는 아랑곳하지 않았다. 그가 세상의 질서와 반대로 살려고 했던 것은 지식 계층의 위선과 허위, 불합리한 사회에 저항하기 위한 그만의 방식이었다.

허균은 「호민론豪民論」에서 말한다.

세상에서 두려워할 것은 오로지 백성뿐이다. 백성은 물이나 불, 호랑이나 표범보다 훨씬 두려운 존재다.

그가 두려워한 것은 왕이나 권세가들이 아니었다. 오직 평범한 백성이었다.

허균은 하나의 틀에 구속되지 않는 자유로운 영혼으로 살아갔다. 타인의 평가에 신경 쓰지 않고 자신만의 개성과 자신만의 문학세계를 만들어 갔다. 그는 다음과 같이 말한다.

저는 저의 시가 당나라 시나 송나라 시와 비슷해질까 두렵습니다. 남들이 '허균의 시'라고 말하는 것을 듣고 싶으니 너무 건방진 생각이 아닐는지요.

허균은 사람들이 자신의 시를 '허균의 시'라 부르기를 소망했다.

이와 같은 과감하고 저돌적인 태도 때문에 그는 네 번이나 파면을 당하는 등 큰 곤욕을 치르곤 했다. 서른아홉 살 때 삼척 부사로 부임했었는데 부임한 지 13일 만에 사헌부의 탄핵을 받아 파직을 당했다. 이단인 불교를 숭상한다는 혐의를 받은 것이다. 실제로 허균은 불교 경전을 읽기는 했지만 그렇다고 빠져들지는 않았노라고 고백한 바 있다. 파직 소식을 들은 허균은 소회를 시에 담았다.

예교가 어찌 자유를 구속하겠는가
인생의 부침을 다만 정에 맡기노라
그대는 그대의 법을 따르라
나는 나의 삶을 살겠다.
禮敎寧拘放, 浮沈只任情, 君須用君法, 吾自達吾生.

사회의 법이 그를 이단으로 내몰았지만 허균은 굴하지 않았다. 자신의 방식대로 살겠다고 천명했다. 사대부들이 아무리 자신을 비난하고 옭아매도 자신의 정체성을 잃지 않고 당당하게 살겠다고 밝혔다. 그는 사회가 만들어 놓은 기준에 자신을 밀어 넣지 않았다. 그 울타리를 넘어 자유롭게 자신의 삶을 살고자 했다.

그렇다고 단순히 자유분방하게 주유周遊하기만 한 것은 아니었다. 사회를 개혁하고자 하는 뜻을 품었고 이상적인 사회를 건설하려는 꿈을 꾸었다. 만년에는 '만권 책 중의 좀벌레가 되어 남은 생을 마치고 싶다'는 소망을 드러내기도 했다. 하지만 그 소망은 이루어지지 못한 채, 역모 혐의에 걸려들어 허무하게 죽임을 당했다. 조선 사회에서 그는 '천지天地 사이의 한 괴물'일 뿐이었다. 그러나 허균의 평등사상과 개혁 정신은 오늘날까지 전해져 사회를 변혁하고 새로운 세상을 꿈꾸는 이들의 마음속에 따르고 싶은 본보기가 되었다.

사람들이 아무리 헐뜯은들 본래의 자기 가치가 훼손되는 것은 아니다. 천 원짜리 종이를 아무리 구겨도 천 원의 가치는 그대로다. 남이 무어라 해도 개의치 말고 내 신념을 따라 뚜벅뚜벅 나아가면 나의 역사가 만들어진다. 나의 삶은 누구도 대신해 주지 못한다. 나는 나만의 삶의 방식이 있고 당신은 당신만의 삶의 방식이 있으니, 나는 나의 삶을 살아갈 뿐이다.

//////

그대는 그대의 법을 따르라. 나는 나의 삶을 살겠다.
君須用君法, 吾自達吾生.

허균(許筠), 『성소부부고(惺所覆瓿藁)』「문파관작(聞罷官作)」

여자가 되어
여자의 규례를 지키는 것이 옳겠는가?

『경국대전經國大典』에 따르면 여성이 산과 냇가로 나들이를 가면 곤장 1백 대를 때린다는 조항이 있다. 조선 시대 여성은 일반적으로 집 안에서만 활동했고 마음대로 돌아다닐 자유가 없었다. 여자의 몸으로 여행을 한다는 건 불법이었다. 그러나 여성에게 가해진 차별을 과감히 거부하고 자유롭게 여행을 떠난 여성이 있다.

김금원金錦園은 1817년 강원도 원주의 봉래산 기슭에서, 몰락 양반인 아버지와 기생 출신인 어머니 사이에서 태어났다. 그녀는 어려서부터 몸이 허약해서 잔병이 많았다. 이를 불쌍히 여긴 부모가 여자가 하는 일인 바느질이나 부엌일 대신에 글을 가르쳤다. 금원은 손에서 책을 놓지 않고 열심히 글을 읽어 사서오경四書五經에 통달하고 시를 창작할 역량까지 갖추게 되었다.

금원은 역사의 발자취를 읽는 가운데 여성으로 살아가는 자신의 정체성을 자각했다. 자신의 인생을 생각해 보니 금수로 태어나지 않고 사람으로 태어난 것은 행운이고 조선이라는 문명국에서 태어난 것도 행운이었다. 하지만 가난한 집안에서 남자가 아닌 여자로 태어난 것은 불행이란 생각이 들었다. 남자와 여자를 차별하는 세상에 태어나 여자라는 이유만으로 재능을 펼쳐 보지도 못하고 집 안에 갇힌 채 살아가야 하는 처지가 슬펐다.

금원은 바깥세상이 보고 싶었다. 그러나 당시 여성은 바깥을 자유롭게 여행할 수 없었다. 그녀는 생각했다. '어진 사람은 산을 좋아하고 지혜로운 사람은 물을 좋아하니, 남자가 높임을 받는 건 집 밖의 넓은 세상에 뜻을 지니고 있기 때문이다.' 김금원은 여자는 집 밖을 나가지 못하고 술과 음식을 이야기하는 것으로 만족해야 하는 현실에 동의할 수 없었다.

하늘이 이미 내게 어질고 지혜로운 성품과 귀와 눈을 주었으니, 산수山水를 즐겨서 보고 듣는 것을 넓힐 수 있지 않겠는가? 하늘이 내게 총명한 재능을 주었으니 문명文明한 나라에서 할 수 있는 일이 있지 않겠는가? 여자가 되어 깊은 방에서 문을 굳게 잠그고 여자의 규례를 지키는 것이 옳겠는가? 한미하게 지내면서 처지를 편안하게 여기고 연기처럼 사라져 세상에 알려지지 않는 것이 옳겠는가?

금원은 여자라는 이유로 평생 집 안에 갇혀 살아가는 건 옳지 않다고 생각했다. 그녀는 여자에게 가해진 관례를 거부하고 집 밖으로 나가 바깥세상을 구경하기로 마음먹었다. 금원의 부모는 간절하게 읍소하는 딸의 간청을 꺾을 수가 없었다. 마침내 부모의 허락을 받은 그녀는 1830년 늦봄 열네 살의 나이에 머리를 동자처럼 땋고 남자 옷을 입고서 먼 길을 떠났다. 금원은 이때의 마음을 다음과 같이 적고 있다.

마음이 후련하기가 새장에 갇혀 있던 새가 새장을 나와 끝없는 푸른 하늘을 날아오르는 기분이 들고 좋은 말이 굴레와 안장을 벗은 채 천 리를 달리는 느낌이 솟았다.

금원은 먼저 금호錦湖의 네 개 군으로 불리는 단양, 영춘, 제천, 청풍을 둘러보고 이어 관동關東의 금강산과 팔경八景을 둘러보았으며 관서關西의 의주와 한양까지 유람했다.

여행 소원을 이룬 금원은 본분으로 돌아갈 뜻을 보였다. 그리하여 남장을 벗고 다시 일상적인 여자의 삶으로 돌아갔다. 그러나 넓은 세상을 경험한 그녀의 생활이 이전의 관습적인 삶이 될 수는 없었다. 자신의 신분에 따라 김덕희의 소실이 되었으며 김덕희가 의주 부윤이 되어 부임지로 갈 때 함께 따라가 1845년 초봄에 관서 지방을 유람했다. 1850년 서른네 살에 지금까지의 모든 여행 경험을 정리한 여행기를 썼다. 자신이 여행한 지역인 충청도 금호 4군의 호湖, 관동의 금강산과 팔경의 동東, 관서 지역의 서西, 서울 한양의 낙洛을 따서 책 이름을 『호동서락기湖東西洛記』라고 했다.

이후 그녀는 남편 김덕희가 한강 용산에 삼호정이라는 정자를 짓고 지낼 때 그 시대 명사名士의 소실이었던 운초, 경산, 죽서, 경춘과 함께 여성으로만 구성된 시 모임을 만들었다. 그 모임이 바로 우리나라 최초의 여류 시 동인인 삼호정시사三湖亭詩社다.

김금원은 여자는 집안일을 해야 한다는 사회적 규범을 과감히 깨뜨리고 원하는 일을 하기 위해 남장을 하는 모험도 마다하지 않았다. 그럼으로써 하고픈 일을 기어이 해냈으며 자신의 진정한 정체성을 찾아갈 수 있었다.

/ / / / / / / /

하늘이 내게 총명한 재능을 주었으니 문명한 나라에서 할 수 있는 일이 있지 않겠는가? 여자가 되어 깊은 방에서 문을 굳게 잠그고 여자의 규례를 지키는 것이 옳겠는가?
天旣賦我以聰明之才, 獨不可有爲於文明之邦耶?
旣爲女子, 將深宮固門, 謹守經法, 可乎?

김금원(金錦園), 『호동서락기(湖東西洛記)』

남보다
나 자신에게 들으라

　　동양인은 남을 의식하며 살아가는 방식에 익숙하다
고 한다. 남의 시선을 통해 자신을 바라보고 심지어 남에게 보이는
나를 통해 행복을 찾는다. 어릴 적부터 '남 보기 부끄럽지 않게 살
라'는 말을 들으며 자라고, 그렇게 사는 것이 제대로 된 삶이라 생
각한다. 남이 욕망하는 행복을 좇고 남이 바라는 꿈을 위해 달려간
다. 하지만 남에게 잘 보이기 위해 살아가는 인생은 피곤하기 그지
없다.

　　존재存齋 위백규魏伯珪(1727~1798)는 평생을 누구보다 주체적으
로 살다 간 인물이다. 그는 어릴 적부터 천재의 면모를 보였다. 두
살에 육갑六甲을 외웠고, 여섯 살에 이미 글을 쓸 줄 알았으며 여덟
살에『주역周易』을 배웠다. 아홉 살에는 다음과 같은 시를 지었다.

천관산 절에 이르렀나니
공중에 사다리 놓으면 하늘 오르겠네
인간 세상 굽어서 보니
삼만 리가 온통 티끌뿐.

發跡天冠寺, 梯空上春昊, 俯視人間世, 塵埃三萬里.

위백규는 이미 어린 나이에 원대한 꿈을 품었다. 손이 귀한 집 안의 첫째로 태어나 이같이 특별한 재능을 보였으니 위백규는 응당 가족의 기대를 한 몸에 받았으리라. 기대가 클수록 주문이 많은 법, 가족과 지인들은 어린 그에게 무슨 책을 보라는 둥 무엇이 되라는 둥 끊임없이 간섭했을 것이다. 하는 행동마다 제약을 받고 이 것저것 눈치를 보았을 터이니 어린 나이에 얼마나 심적 부담이 컸 겠는가?

그리하여 위백규는 열 살 때 벽에 다음과 같은 좌우명을 붙여 놓았다(연보에서는 열두 살 때 지었다고 기록하고 있다).

남을 보기보다 나 자신을 보고,
남에게서 듣기보다 나 자신에게 들으리라.

위백규는 각오를 다졌다. 누군가에 이끌려 가는 삶이 되지 말고 내가 이끌고 가는 삶이 되자. 좌고우면左顧右眄하지 않고 나 자신을 믿으며 나아가겠다. 죽을 때까지 본래의 나를 지키며 살아가겠다.

위백규의 고향은 전라도 땅끝 마을인 장흥이었다. 예나 지금이나 새로운 지식과 신문명은 오로지 한양으로 몰려들었다. 한적한 시골에 새로운 지식이 들어올 리 없다. 그러한 척박한 환경에서도 위백규는 이 좌우명을 가슴에 품고 새로운 실용 학문을 펼쳐 나갔다.

위백규는 다산정사茶山精舍를 지어 학문을 연구하고 제자들을 키웠다. 궁벽한 농촌에 살면서도 시대 현실에 눈감지 않고 부패한 제도와 무너진 국가 기강을 바로잡아야 한다고 주장했다. 나이가 들수록 그의 학문은 더욱 깊어졌다. 65세에는 『정현신보政絃新譜』를 저술하고, 70세에는 임금에게 올리는 「만언봉사萬言封事」를 지어 정치와 경제에 대한 견해를 밝혔다. 그의 정책 건의서는 전라도 땅끝에서 서울의 정조에게 전해졌다. 정조는 70세 노인인 위백규의 저술을 읽고 그의 높은 경륜을 인정하고 답변을 내려주기까지 했다. 그리하여 그는 호남 실학을 대표하는 비조鼻祖로 우뚝 서게 되었다.

칸트는 말한다.

자유롭게 행동한다는 것은 자율적으로 행동한다는 뜻이다. 그리고 자율적으로 행동한다는 것은 천성이나 사회적 관습에 따라서가 아니라 내가 나에게 부여한 법칙에 따라 행동하는 것이다.

나는 오직 이 세상에 유일한 단 하나의 존재이다. 수많은 사람은 지나가는 그림자일 뿐이니 나는 나로 살아가면 그만이다. 나는 남이 될 수 없고 그냥 나일 뿐이다. 그러니 나 자신을 살피고 나 자신을 믿겠다.

//////////

남을 보기보다 나 자신을 보고,
남에게서 듣기보다 나 자신에게 들으리라.
與其視人寧自視, 與其聽人寧自聽.

위백규(魏伯珪), 『존재집(存齋集)』 「좌우명(座右銘)」

세상을 속일 수는 있어도
자신을 속일 수는 없다

후한後漢의 양진楊震은 매우 청렴한 관리였다. 그가 형주자사로 부임했을 때 왕밀王密이라는 사람이 밤중에 찾아왔다. 예전에 양진이 자신에게 은혜를 베풀어 준 일에 대한 보답을 한다며 금 열 근을 바치려고 했다. 양진은 받을 이유가 없다고 거절했다. 왕밀이 은근히 말했다.

"지금은 한밤중이라 아무도 알 사람이 없습니다."

이에 양진이 대답했다.

"하늘이 알고, 땅이 알고, 자네가 알고, 내가 안다네."

남이 보는 데서는 정직한 듯 행동할 수 있지만 보는 사람이 없는 곳에서도 정직하기란 쉽지 않다. 퇴계退溪 이황李滉(1501~1570)은 '자신을 속이지 말라'는 뜻의 '무자기毋自欺' 세 글자를 평생의 좌우명으로 삼고 이를 실천하기 위해 애썼다.

퇴계 선생은 율곡 이이와 더불어 우리나라 성리학을 대표하는 큰 학자다. 평생 주자학을 깊게 연구하여 성리학의 토대를 완성하였기에 '동방의 주자朱子'로 불린다. 도산서원의 건립, 경복궁의 상량문과 현판 글씨 작성을 비롯해 조선의 학문과 사상에 큰 발자취를 남겼다. 영남학파의 비조로 오늘날에도 그의 학문은 퇴계학이란 이름으로 계승되고 있다.

퇴계는 인품이 훌륭한 분으로 알려져 있다. 평생을 검소하게 살았으며 벼슬에 연연하지 않았다. 고향으로 내려가 학문과 저술에 힘을 쏟을 때도 조정에서는 계속해서 그를 불러내 높은 벼슬을 내리려고 했다. 그때마다 퇴계는 간곡히 사양했으며 어쩔 수 없이 벼슬을 받더라도 곧바로 사양하고 고향으로 돌아왔다. 그가 벼슬을 사퇴한 횟수는 일흔아홉 차례에 이른다고 한다.

예순여덟에는 우찬성이 되었다. 우찬성은 종1품의 높은 관직이다. 그만하면 곧게 살아도 얼마간의 부를 누리기 마련이다. 하지만 그때도 퇴계는 검소하게 살았으며 조정에 들어갈 때 입는 옷이 한 벌뿐이었다고 한다.

어느 날 임금이 퇴계를 궁으로 불러들였다. 공교롭게도 퇴계는 의관을 빨아 말리는 중이었다. 할 수 없이 채 마르지 않은 옷을 입고 궁궐에 들어갔다. 그런데 옷에 윤기가 흘러서 신하들이 보기에는 비싼 양모로 만든 의관으로 보였던 모양이다. 임금 역시 기분이 좋지 않았다.

"청렴해야 하거늘 어찌 양모 의관이란 말이오?"

"한 벌뿐인 옷이 마르지 않아 젖은 채로 입고 오느라 오해가 생겼습니다."

임금은 퇴계의 청빈함에 감동하여 의관 한 벌을 더 내려주었다.

사심私心을 제어하고 양심대로 사는 일은 생각만큼 쉽지 않다. 권력을 이용해 부귀를 누리고 싶은 게 평범한 인간의 욕망이다. 그러나 퇴계는 자신을 속여 부귀를 누리는 삶보다 마음을 지키는 청빈한 삶을 선택했다. 퇴계가 평생의 좌우명으로 삼은 네 개의 경구가 있다. 하나는 삿된 생각을 하지 말라는 의미의 사무사思無邪이다. 둘째는 자신을 속이지 말라는 뜻의 무자기毋自欺다. 셋째는 혼자 있을 때를 삼가라는 의미인 신기독愼其獨이고, 넷째는 모든 것을 공경하라는 뜻을 담은 무불경毋不敬이다. 그 가운데 무자기는 퇴계의 지향을 오롯하게 보여주는 좌우명이다.

『대학大學』「성의장誠意章」에서는 다음과 같이 적고 있다.

이른바 그 뜻을 성실하게 한다는 것은 스스로를 속이지 않는 것이니, 악을 미워하기를 악취를 미워하는 것같이 하며 선을 좋아하기를 색色을 좋아하는 것처럼 해야 한다.

주자는 자신을 속인다는 것은 선을 행하고 악을 버려야 함을 알면서도 생각이 진실하지 못한 것이라고 했다. 나쁜 일인 줄 알면서

하는 것도 자신을 속이는 행위지만 선한 일인 줄 알면서 행하지 않는 것도 자신을 속이는 것이다.

퇴계는 송나라의 채원정蔡元定이 말한 '혼자 갈 때 그림자에 부끄러울 것이 없고, 혼자 잘 때 이불에 부끄러울 것이 없다獨行不愧影, 獨寢不愧衾'는 삶을 살았다. 세상을 다 속여도 자기 자신을 속일 수는 없다. 퇴계의 진정한 훌륭함은 그가 일생에 걸쳐 이룬 학문과 사상의 업적에 앞서 자신을 속이지 않으려 했던 삶 그 자체에 있다.

＼＼＼＼＼＼＼＼

자신을 속이지 말라.
毋自欺.

이황(李滉)의 유묵(遺墨)

버려두면 돌이고
쓰면 그릇이다

곤륜산의 옥은 천하제일의 품질로 알려져 있다. 하지만 아무리 좋은 옥도 갈고 다듬지 않는다면 자갈돌과 다를 바 없다. 예장에서 나는 나무는 최고의 재료로 유명하다. 그러나 깎고 다듬지 않는다면 가시나무와 매한가지일 뿐이다. 아무리 좋은 것도 쓰이지 않으면 가치를 드러내지 못한다.

석주石洲 권필權韠(1569~1612)은 선조 때의 시인으로 서정적인 시를 여러 편 남겼다. 그도 젊은 시절에는 여느 선비들처럼 세상을 향한 큰 포부를 안고 과거에 도전했다. 열아홉에 과거에 응시하여 초시와 복시에서 연거푸 장원을 했으나 한 글자를 잘못 쓴 것이 밝혀져 합격이 취소되는 아픔을 겪었다. 뒤이어 존경하던 송강松江 정철鄭澈이 모함을 받아 축출되자 정치에 대한 기대는 실망과 분노로 바뀌었다.

입신의 포부를 접은 권필은 불의한 현실에 대해 분노하며 반골의 저항 시인이 되어 갔다. 스물네 살에 임진왜란이 일어났고 강화에서 피난살이하던 와중에 아버지가 세상을 떠났다.

스물일곱 살이 되던 해의 겨울, 그의 계집종이 밭일을 하다가 오래된 돌솥을 주웠다. 얼핏 보면 버려진 돌덩이처럼 보였으나 모래로 닦아 내고 물로 씻어 내자 빛나고 깨끗한 모습으로 바뀌었다. 차를 끓이고 약 달이는 그릇으로 쓸 수 있겠다 싶었다. 문득 그는 상념에 잠겼다.

솥이여! 버려진 돌로 지낸 것이 얼마이며, 솜씨 좋은 장인을 만나 그릇이 되어 집에서 쓰인 것이 얼마이며, 흙 속에 파묻혀 쓰이지 못한 것이 얼마이더냐? 돌은 단지 하찮고 딱딱한 물건일 뿐인데도 그것이 감추어지고 드러나는 사이에 운이 없을 수가 없는 것이구나. 하물며 가장 존귀하다는 사람은 어떠할까?

그리하여 그 솥에 다음과 같은 명銘을 새겼다.

버려두면 돌이고 쓰면 그릇이다.
捨則石, 用則器.

권필은 버려진 돌이 다시 돌솥으로 바뀌는 모습에서 인생의 이치를 생각하고 자신의 처지를 되새겼다. 비록 지금 나는 버려진 돌과 같이 나라가 위급한 때에 아무 역할도 못하는 처지이지만 언젠가는 깨끗한 돌솥처럼 귀하게 쓰일 날이 있을 것이다. 그러니 기회가 왔을 때 놓치지 않기 위해 열심히 실력을 갈고 다듬으리라. 그는 시간을 허투루 보내지 않고 매일매일 공부하고 시를 썼다.

임진왜란이 끝나고 나서 권필은 포의布衣 신분으로 중국 사신을 맞이하는 접빈 행사에 두 차례나 발탁되었다. 선조는 그의 시를 아껴 책상에 늘 올려 두고 읽었다. 그 시대 내로라하는 학자들도 권필을 인정하고 높였다. 하지만 그는 권력과 예법에 싫증을 느껴 강화로 돌아가 서당을 열고 제자를 가르쳤다.

하지만 정치 현실은 그를 가만 놔두지 않았다. 광해군이 즉위하고 나서 어지러운 정치를 풍자한 시를 쓴 것이 빌미가 되어 혹독한 고문을 받았다. 몸이 워낙 약하고 상처도 심해 바로 유배 길에 오르지 못하고 동대문 밖 민가에 머물렀는데, 찾아온 벗들이 권하는 막걸리를 마시고 장독杖毒이 악화되는 바람에 세상을 뜨고 말았다.

비록 세상에 대한 포부는 충분히 실현하지 못했지만 한국 한시사에서 우뚝한 성취를 나타낸 시인의 반열에 자리매김하고 있다. 버려진 돌솥이 준 깨달음이 아니었다면 그의 재능은 흙 속에 파묻힌 채 빛을 보지 못했을 것이다.

본래부터 쓸모없는 존재는 없다. 쓸모없는 재능도, 쓸모없는 꿈도 없다. 다만 제대로 쓰이느냐 버려지느냐의 차이만 있을 뿐이다.
내 재능이, 내 꿈이 좋은 그릇이 되도록 갈고닦을 뿐이다.

╱╱╱╱╱╱╱

버려두면 돌이고 쓰면 그릇이다.
捨則石, 用則器.

권필(權韠), 『석주집(石洲集)』「고석당명(古石鐺名)」

낮은 자리에 서는 것이
몸을 보존하는 길이다

기준奇遵(1492~1521)은 조선 전기의 문신으로 기묘사화己卯士禍를 겪은 인물이다. 기준은 열일곱 살에 조광조와 인연을 맺어 그의 제자가 되었다. 스물두 살에 과거에 급제한 후 승승장구하여 이십 대에 이미 정4품까지 올랐다. 조광조의 학문적·정치적 동반자가 되어 그가 강력한 개혁 정책을 펴는 데 앞장서 도왔다. 하지만 조광조의 독주에 불안감을 느낀 중종은 기묘사화를 일으켰고, 기준은 영문도 모른 채 귀양을 갔다. 가시덤불로 둘러싸여 바깥출입을 못하는 위리안치圍籬安置에 처해졌다.

낮에도 햇빛이 전혀 들지 않는 집에서 기준은 자신에게 닥친 불행을 깊이 되새김했다. 죽음도 때로는 가벼운 것이로되, 새롭게 될 기회도 얻지 못한 채 가뭇없이 죽어 버리면 한이 될 것 같다고 생각했다. 그는 때가 되면 풀려날 것이란 희망을 품고, 마음을 다잡아 성찰의 시간을 갖고자 했다.

기준은 누구와도 접촉할 수 없는 처지였다. 만나는 건 오직 집 안 여기저기에 있는 일상의 가재도구뿐이었다. 그는 사물에 자신을 비추어 성찰의 거울로 삼았다. 그리하여 일상의 사물 예순 개, 예를 들면 섬돌, 처마, 허리띠, 붓 등에서 얻은 깨달음을 「육십명 六十銘」에 담았다. 그 가운데 부엌 서쪽에 걸려 있는 선반을 보고는 이렇게 적었다.

위에 있어도 교만하지 않아 제 몸을 보존하고
아래로 임해 받아들이니 그 공이 빛나는구나.
스스로 떨어지지 말고 유종의 미를 거두어라.
居上不驕, 保其躬, 臨下有受, 昌厥功. 毋自墮, 以有終.

선반은 위에 있지만 아래의 물건을 받아 자기 위에 올려놓는다. 비유하자면 높은 지위에 있다고 교만하지 않고 스스로 아랫자리에 처하면서 자신보다 낮은 이를 품고 북돋워 주는 자라 하겠다. 교만한 사람은 높은 자리에 오르면 뻐기고 아랫사람을 함부로 대한다. 남이 속으로 인정해 주지 않으니 스스로 권위를 내세운다. 겸손한 사람은 높은 자리에 올라도 우쭐대지 않는다. 아랫사람을 받아들이고 같은 자리에 서려 한다. 자신을 낮추지만 남이 세워 주고, 스스로 숨기지만 남이 드러내 준다.

달은 차면 기울기 마련이다. 인생도 마찬가지여서 정상까지 오르면 내려올 일만 남는다. 높은 곳에 있을 때 우쭐대며 잘난 척하다가는 순식간에 떨어질 수가 있다. 주위 사람들이 하나둘 떠나고 마지막에는 후회만 남는다.

기준은 선반에 유종판有終板이라는 이름을 붙여 주었다. 선반은 물건을 담고 있어도 끝까지 떨어지지 않고 유종의 미를 거두기 때문이다. 유종판은 자기 자리에 감사하고 만족할 줄 아는 것, 아랫사람을 포용하고 낮은 자리에 서는 것이 오랫동안 제 몸을 보존하는 길임을 알려 준다.

////////

스스로 떨어지지 말고 유종의 미를 거두어라.
毋自墮, 以有終.

기준(奇遵), 『덕양유고(德陽遺稿)』 「육십명(六十銘)」 '유종판(有終板)'

내가 나를 지킬 수 있다면
권력도 나를 옮길 수 없다

혜환惠寰 이용휴李用休(1708~1782)는 성호 이익의 조카로, 18세기에 연암 박지원과 쌍벽을 이룬 문단의 큰 학자였다. 스물여덟 살(1735년) 때 생원시에 합격했지만 더 이상 과거 시험은 보지 않았다. 이익의 둘째 형이자 이용휴의 큰아버지인 이잠李潛의 죽음 때문이었다. 이잠이 숙종의 노여움을 사 국문을 받다 죽임을 당함으로써 그의 집안은 역적으로 내몰렸다. 몰락한 명문가의 후예로 태어난 그는 과감히 벼슬길을 포기하고 평생 재야의 선비로 살았다.

그러나 소극적인 회피가 아닌 적극적인 선택이었다. 그는 여유롭게 삶을 관조하고 즐기면서 자기만의 세계를 표현하는 문장가를 자처했다. 이용휴는 새로운 변화를 두려워하지 않고 적극적으로 받아들였다. 또한 자기만의 목소리를 내는 것을 두려워하지 않았다. 기존의 규범과 격식을 과감히 깨뜨리고 새로운 형식을 창조했다. 그의 글은 대체로 무척이나 짧다. 이런저런 사설을 늘어놓는 대신 바로 본론으로 치고 들어간다. 진실함을 최고의 가치로 여겼던 삶의 태도를 그의 글에서도 느낄 수 있다.

사람들은 격식을 파괴하는 그의 글에 대해 기이하다는 평가를 내렸다. 하지만 이용휴는 기이함은 애써 구한다고 얻을 수 있는 것이 아니라 참됨이 다하는 곳에서 자연스럽게 드러나는 것이라고 생각했다. 특히 이용휴는 '나'에 대해 관심이 많았다. 혜환 자신을 향해, 나아가 남들을 향해 내면의 목소리에 귀를 기울이자고 반복해서 이야기했다. 왜 나는 삶의 주인으로 살아가지 못하고 외물外物의 부림을 받을까? 「아암기我菴記」에서 말하길 욕망이 맑은 정신을 가리고 습관이 진실을 감추기 때문이라 한다.

나와 남을 마주 대하면 나는 가깝고 남은 멀다. 나와 사물을 마주 대하면 나는 귀하고 사물은 천하다. 그러나 세상에서는 반대로 친한 존재가 먼 존재의 명령을 따르고, 귀한 존재가 천한 존재의 부림을 당한다. 왜 그럴까? 욕망이 밝은 정신을 덮고, 습관이 진실을 감추기 때문이다. 그리하여 좋아하거나 미워하며 기뻐하거나 화를 내는 감정과 가고 멈추며 굽어보고 우러러보는 행동이 모두 남을 따라만 하고 스스로 주체적으로 하지 못하게 되었다. 심지어는 말하고 웃는 얼굴 표정까지 저들의 노리갯감으로 바친다. 그리하여 정신과 생각과 땀구멍과 뼈마디, 어느 것 하나 내게 속한 것이 없게 되었다. 부끄러운 일이다.

나는 나와 가장 가깝고 소중한 존재다. 하지만 현실에서는 남의 눈치를 보고 남에게 잘 보이기 위한 나로 살아간다. 나의 감정과 행동이 주체적으로 움직이지 못하고 남을 따라가려고 애쓴다. 심지어는 몸짓과 웃는 표정까지 남의 비위를 맞추려고 눈치 보다가 내게 속한 것이 없게 되고 만다. 남에게 보이기 위한 나만이 존재할 뿐이다. 혜환은 그런 자신이 부끄럽다고 고백한다.

그리하여 「환아잠還我箴」에서는 자신을 각성하고 '나로 돌아가자'고 당부한다. 이 글에서 그는 자신의 과거를 반성한다. 어릴 적부터 자신의 재주를 우쭐대고 남의 칭찬에 민감하게 반응하다가 초심初心을 잃어버렸다. 세상이 요구하는 틀에 맞춰 살다가 위선적인 인간이 되어 버린 것이다. 앞만 보며 달려온 어느 날 혜환은 문득 예전의 나, 본래의 나로 돌아가야겠다는 자각이 들었다. 그를 옭아매던 출세욕과 명예욕에서 벗어나기로 결심했다.

남을 따라 모방하는 행동은 가짜 나를 만드는 것일 뿐이니 남의 그림자를 애써 좇지 않기로 했다. 나는 나로 돌아가면 그뿐이다. 혜환은 천지신명께 맹세한다. 죽을 때까지 본래의 나를 지키며 살겠노라고 말이다. 혜환은 세상의 평판에 연연해 눈치 보며 살기보다 자신만의 길을 찾아가기로 결심했다. 성공과 권력을 택하는 대신, 재야의 선비로서 당당하게 자신을 믿고 옳다고 믿는 길을 걸어 갔다.

그의 글은 수많은 속세의 선비들을 울렸으며 새로운 문학을 꿈 꾸는 젊은이들이 자신의 문장을 인정받고 싶어서 그에게 몰려들 었다. 정약용은 그에 대해 "벼슬에도 나가지 않는 신분으로 문단의 저울대를 손에 잡은 것이 30여 년이었으니, 예로부터 유례가 없는 일이다"라고 평가했다.

세상은 우리에게 적당히 굽힐 줄 알아야 낙오되지 않는다고 가 르친다. 성공하기 위해서는 자존심을 버리고 눈치껏 살아야 한다 고 말한다. 경쟁하고 다투는 세상에서 가면을 쓰고 아등바등 사는 모습은 지금이나 그때나 별반 차이가 없다. 그러나 반성하는 한 지 식인은 남의 눈치를 보지 말고 당당하게 자신을 굳게 지키며 자존 감을 붙들라고 당부한다. 그리하여 혜환은 종손從孫에게 주는 글 에서 나의 것을 조금이라도 버린다면 제아무리 좋은 것을 받아도 소용없다고 말한다.

내 한쪽을 조금 떼어 낸다면 비록 옥황상제 편으로 옮겨 가더라
도 옳지 않다는 말은 참되다. 내가 나를 지킬 수 있다면 사물도
나를 옮길 수 없다.
纔離我一邊, 雖走向玉皇上帝邊去, 亦不是者, 眞格言也.
我能守我, 物不能移.

당나라 선승禪僧인 임제臨濟는 『임제록』에서 이렇게 말했다.

가는 곳마다 주인이 되라. 서 있는 곳이 모두 참되다.
隨處作主. 立處皆眞.

주인이 된다는 것은 외부의 환경과 시선에 휘둘리지 않고 내가
주체적으로 서는 것이다. 내가 삶의 주인으로 서면 어느 곳에 있든
내가 몸담은 곳이 참된 진리의 자리가 된다. 누군가에게 이끌려 가
는 삶이 아니라 내가 이끄는 삶이 된다. 남에게 보여주려고 '하는
척' 하는 것이 아니라 내가 좋아하며 내가 하고 싶기에 '하는' 삶이
된다. 내가 속한 곳에서 주체적으로 살아가면 그 자리가 진실의 자
리고 행복의 자리다.

삶은 결국 자신과의 싸움이다. 세상이 요구하는 길이 아닌 나
자신이 선택한 길을 가라. 나의 주인은 오직 나뿐이다. 내가 나를
지킬 수 있다면 권력도 나를 옮길 수 없다.

／／／／／／／

내가 나를 지킬 수 있다면 사물도 나를 옮길 수 없다.
我能守我, 物不能移.

이용휴(李用休), 『혜환잡저(惠寰雜著)』
「서증종손유여진사(書贈從孫幼興進士)」

오늘 내가 남긴 발자국이
뒷사람의 길이 된다

루쉰魯迅(1881~1936)은 그의 단편소설인 「고향故鄕」
에서 다음과 같이 말했다.

희망은 본래 있다고도 할 수 없고 없다고도 할 수 없다. 그것은
마치 땅 위의 길과 같은 것이다. 본래 땅 위에는 길이 없었다. 걸
어가는 사람이 많아지면 그것이 곧 길이 되는 것이다.

길은 처음부터 만들어져 있는 것이 아니다. 누군가가 앞장서서
황무지를 걸으면 그 뒤의 사람들이 따라간다. 그렇게 많은 사람이
같은 발자국을 밟다 보면 어느 사이에 길이 되는 것이다.

이양연李亮淵(1771~1853)은 영조부터 철종 때까지 다섯 왕을 거
쳐 간 삶을 살았다. 대표적인 호는 임연재臨淵齋와 산운山雲이다.

산운은 평생 동안 불과 2백여 편의 시만 남겼지만 빼어난 감각과 맑은 시풍으로 자신만의 시 세계를 개척했다. 산운은 어린 시절에 아버지와 양아버지가 돌아가시면서 정신적으로 많은 고통을 겪었다. 공부 대신 칼싸움을 즐겼으며 십 년간 술에 취해 방탕하게 살기도 했다.

이십 대에 율곡을 사숙私淑하면서 갈팡질팡하던 청소년기의 방황을 접고 배움의 길로 접어들었다. 마음 수양에 대한 격언을 모은 『심경心經』과 유학자의 삶의 방향을 제시한 『근사록近思錄』을 스승으로 삼아 올곧은 성리학자의 길을 걸어갔다. 산수 유람을 좋아하여 각종 산과 들을 밟고 백성들의 힘든 삶을 지켜보며, 자연을 노래한 시와 백성의 고통을 아파하는 민요시를 다수 창작했다. 권력에는 큰 욕심이 없어 늘그막인 65세에 이르러서야 첫 벼슬을 시작했다. 안타깝게도 벼슬을 시작한 해에 아내와 둘째 아들 인익寅翊이 연이어 세상을 떠났다. 83세에 세상을 떠나기까지 사랑하는 가족들의 죽음을 하나하나 지켜보며 늦깎이 벼슬을 했으니 삶의 질곡을 헤쳐 가느라 많이 힘들었을 것이다.

젊은 시절에는 지독한 가난과 부모의 죽음으로 많이 방황했지만 율곡을 사숙하여 성리학자의 삶을 살아가게 되면서 산운은 인생이라는 길을 어떻게 걸어갈지 깊이 고민했다. 그리하여 그 마음가짐을 다음과 같이 시에 담았다.

눈 밟고 들길 갈 때 함부로 걷지 말자.

오늘 아침 내가 남긴 발자국이 마침내 뒷사람의 길이 된다.

穿雪野中去, 不須胡亂行. 今朝我行跡, 遂作後人程.

눈이 내린 어느 날 이른 아침, 산운은 들판의 눈길을 걷다가 문득 뒤를 돌아보았다. 자신이 처음으로 눈을 밟아 나간 발자국이 보였다. 그는 그 자취가 자신으로부터 시작되었다는 것을 깨닫고 지나온 삶을 되돌아보았다. 그리고 자신이 걸어간 발자국을 따라 가족과 제자와 후배들이 걸어왔다는 것을 깨달았다.

산운은 젊은 시절에는 목표를 정하지 못하고 갈팡질팡했다. 하지만 율곡이라는 큰 스승을 만나면서 긴 방황을 접고 오롯하게 성리학자의 길을 걷게 되었다. 만약 그가 오랫동안 정신을 못 차리고 이리저리 함부로 길을 걸었다면 그를 뒤따르던 수많은 사람들도 이리저리 헤매다 길을 잃었을 것이다. 산운은 자신이 스승이 만든 길을 따라갔듯이 후배와 제자들도 자신이 만든 길을 따라오고 있다고 생각하니 책임이 막중함을 느꼈다. 그리하여 죽기까지 율곡의 길을 정신적 푯대로 삼아 선비의 처신을 잃지 않으려 노력했다.

산운은 만년에 병이 깊어져 위독해지자 「병극病革」이란 시에서 다음과 같은 글을 남겼다.

한평생 근심하며 보내느라
밝은 달 제대로 보지도 못했네.
그곳에선 영원히 오래 마주할 테니
저승 가는 이 길이 나쁜 것만은 아니구나.

산운은 죽음을 앞두고 지나온 삶을 성찰했다. 그동안 생활에 허덕이며 사느라 밝은 달조차 올려다볼 여유를 갖지 못했다. 곧 떠나가는 곳은 영원한 평안과 안식이 있는 곳이다. 그곳에서는 아무런 걱정 없이 밝은 달을 실컷 올려다볼 수 있으리라. 그렇다면 저승 가는 길이 꼭 나쁜 것만은 아니리라.

/ / / / / / / /

오늘 아침 내가 남긴 발자국이 마침내 뒷사람의 길이 된다.
今朝我行跡, 遂作後人程.

이양연(李亮淵), 『산운집(山雲集)』「야설(野雪)」

잘못의 원인을
나에게서 찾아라

활을 쏘는 사람의 마음가짐에는 다섯 가지 지켜야 할 원칙이 있다. 첫 번째는 화살이 과녁에 맞지 않으면 자신의 마음가짐을 돌아보라는 것이다. 이를 반구저기反求諸己라고 한다. 돌이켜 자신에게서 구한다는 뜻이다. 활쏘기와 관련하여 『맹자孟子』「공손추公孫丑」에는 다음과 같은 말이 있다.

어진 사람은 활을 쏘는 것과 같다. 활을 쏘는 사람은 자신을 바르게 한 뒤에 쏘는데, 활을 쏘아 적중하지 않더라도 자신을 이긴 사람을 원망하지 않고 돌이켜 자신에게서 그 원인을 찾을 따름이다.

싸움에서 지면 자존심이 상해 패배를 순순히 인정하기보다는 활과 화살을 탓하거나 상대방을 원망하는 마음이 생겨난다. 남을 탓하는 것이 마음의 위안을 얻는 데도 편하다.

그러나 문제의 본질은 평정심을 잃어버린 자기 마음에 있다. 이기려는 욕심, 두려운 마음이 화살을 과녁에서 빗나가게 만든 것이다. 진정한 궁사는 패인을 외부로 돌리지 않고, 자신을 돌이켜 보고 자신의 잘못된 점을 찾으려 한다.

대개 나 자신부터 선해야 마땅히 좋은 사람은 좋아하게 되고 악한 자는 싫어하게 되어, 선한 자는 자연히 가깝게 되고 악한 자는 절로 멀어지게 될 것이다. 어찌 다른 까닭이 있겠는가? 말하자면 돌이켜 자신에게서 구해야 한다.

담헌湛軒 홍대용洪大容(1731~1783)의 「자경설自警說」에 나오는 말이다. 「자경설」은 '스스로 경계하는 말'이라는 뜻이다. 사람들은 내 눈의 들보는 보지 못하고 남의 눈에 있는 티끌만 보려 한다. 내 잘못은 보이지 않는데 남의 잘못은 크게 보인다. 잘되면 내 탓이고 안 되면 네 탓이다. 불신과 다툼이 이로부터 생겨난다. 갈등의 원인을 상대방의 잘못으로 돌린다. 그런데 홍대용은 먼저 나 자신이 선한 사람이 되라고 한다. 나 자신이 먼저 선해야 좋아할 사람을 좋아하게 되고 싫어해야 할 사람을 싫어하게 되어 선한 사람은 가까워지고 악한 사람은 나를 멀리할 것이라고 한다. 삶에는 잘잘못을 똑 부러지게 가리기 어려운 상황이 참 많다. 그럴 때는 남을 탓하기에 앞서 나 자신이 옳게 행동했는지, 상처 주는 말을 한 것은 아닌지를 먼저 돌아보아야 한다.

자기 내부를 들여다보는 일은 고통스럽다. 나 자신, 내가 속한 공동체를 성찰하고 비판하기는 매우 어렵다. 그리하여 남을 탓하는 것으로 자신의 잘못을 덮으려 한다. 결국 오해와 불신만 쌓이고 일은 꼬이기만 한다. 상황을 해결하려면 나 자신을 먼저 되돌아보아야 한다. 잘했든 못했든 간에 먼저는 나를 돌아보고 손을 내밀면 상대방도 마음을 풀기 마련이다.

/ / / / / / / /

돌이켜 자신에게서 구해야 한다.
反求諸己.

　　　홍대용(洪大容), 『담헌서(湛軒書)』, 「자신을 깨우치는 글(自警說)」

홀로 있을 때
삼가라

사람들은 남이 보는 앞에서는 선한 행동을 하고 친절을 베푼다. 여럿이 모인 곳에서는 공공질서도 잘 지키고 배려도 잘 한다. 그러나 보는 사람이 없을 때는 쓰레기를 아무 데나 버리거나 무단 횡단을 한다. 상대방이 없는 자리에서는 함부로 그를 헐뜯는다. 평소에는 선한 얼굴을 하다가도 익명의 온라인 공간에서는 함부로 저주하고 막말을 한다. 이러한 태도와 관련하여 성현成俔 (1439~1504)은 신독愼獨을 이야기한다.

한가로이 있는 때라 해서
남들이 모른다고 말하지 말라
귀신은 속이기 어렵고
나의 마음도 속이기 어렵다

남이 안 보는 으슥한 곳

비밀스럽다 말하겠지만

열 사람의 손이 지적하고

시위 떠난 화살과 같다

넘치는 죄 덮으려 해도

말과 행동이 어긋나는 법

반드시 그 홀로 있는 때를 삼가서

조금도 잘못을 짓지 말라.

勿謂閑居, 人所不知, 鬼神難誣, 吾心難欺, 屋漏之間, 雖曰隱微,

十手所指, 如弩發機, 欲蓋彌昌, 言與行違, 必愼其獨, 無或作非.

제목은 「신독愼獨」이다. 신독은 홀로 있는 데에서 삼간다는 뜻
이다. 『중용中庸』의 "감춘 것보다 잘 보이는 것이 없고, 은미隱微한
것보다 잘 드러나는 것이 없다. 그러므로 군자는 홀로 있는 데에서
삼간다"라는 말에서 나왔다. 독獨은 남들은 알지 못하나 자신만 아
는 곳을 말한다. 주자는 장소뿐만 아니라 마음의 의미도 추가하여,
여러 사람과 함께 있어도 남들은 모르는 마음속까지 포함했다. 홀
로 있는 데에서 삼간다는 것은 자기 본성을 누르고 의지의 자리에
서는 것을 말한다. 욕망을 누르고 양심에 따르며, 삿된 마음을 버
리고 진실한 마음을 갖는 것이다.

　3구와 4구는 앞서 이야기한 양진의 고사를 의미한다. 왕밀이

양진에게 은근히 금을 바치려 할 때 양진의 양심 선언에 대한 일화다.

5구의 으슥한 곳, 옥루屋漏는 신독과 통하는 말이다. 옥루屋漏는 『시경詩經』에서 유래하는데, '방의 서북쪽에 있는 모퉁이'라는 뜻이다. 방의 서북 모퉁이는 고대에 신에게 제사 지내는 곳으로 집 안에서 눈에 띄지 않는 은밀한 공간이다. 그곳에 있으면 아무 눈에도 띄지 않는다. 몰래 나쁜 짓을 할 수도 있고 게으름을 피울 수도 있다. 그러나 사람들은 보지 못해도 신만은 옆에서 지켜보고 있다. 남이 모른다고 하여 삿된 마음을 품거나 나태하고 산만해져서는 안 된다. 아무도 모르겠지 하며 저지른 작은 짓이 나중에는 남을 해치는 데 이른다. 홀로 있는 그 공간에서 사람다운지 짐승만도 못한지가 은밀하게 드러나고, 길흉의 조짐이 나타난다. 그러니 저 으슥한 곳을 내 배움의 경계로 삼는 것이다.

성호 이익도 신독의 중요성을 강조했다. 그는 신독에는 두 가지 뜻이 있다고 했다. 첫 번째는 눈에 띄지 않는 구석진 곳, 즉 옥루에 있어도 부끄럽지 않은 것이고, 두 번째는 사람이 많고 넓은 자리에 있다고 해도 속마음이 어떤지는 나만이 아는 것이라 했다. 내가 어떤 사람인지는 나 자신이 가장 잘 안다. 홀로 있는 데에서 바른 행동을 할 수 있고, 남들은 몰라도 진실한 마음을 품는 것이 진정한 자기완성이다.

음식을 만드는 사람이 신독의 자세로 일한다면 그의 음식은 몸을 건강하게 할 것이다. 직장에서 일하는 사람이 신독의 마음으로 지낸다면 동료들과의 관계는 더욱 돈독해질 것이다. 남이 보지 않는 곳에서의 말과 행실이 그 사람의 진정한 됨됨이를 보여준다.

////////

반드시 그 홀로 있는 때를 삼가서 조금도 잘못을 짓지 말라.
必愼其獨, 無或作非.

성현(成俔), 『허백당집(虛白堂集)』「십잠(十箴)」'신독 愼獨'

3장

나를 힘들게 하는 사람이
나를 성장하게 한다

남의 언행을 즐겨 받아들여
너의 인격을 보완하라

한신韓信은 한漢 고조 유방의 참모다. 그가 조나라와
의 싸움에서 덕망과 지략을 갖춘 책략가 이좌거李左車를 사로잡았
다. 이좌거의 재능을 잘 알고 있던 한신은 손수 그를 풀어 주고 정
성껏 대접하며 다른 나라를 공략할 계책을 물었다. 이좌거는 계속
거절하다가 한신의 끈질긴 간청에 못 이겨 입을 열었다. "현명한
사람도 천 번의 생각에 한 번 잃는 것이 있고 어리석은 자도 천 번
의 생각에 한 번 얻는 것이 있습니다. 미치광이의 말도 성인은 잘
가려듣는다 했습니다. 제 계책이 도움이 될지 모르나 천려일득千慮
一得이라 생각하고 들어 주십시오." 그의 계책을 따른 한신은 크게
승리했다.

조선 후기의 문신인 강좌江左 권만權萬(1688~1749)은 위의 고사
를 떠올리며 자신을 반성하는 「취인명取人銘」을 썼다. 취인이란 남

의 좋은 점을 취한다는 뜻이다.

옛 성현은 남을 뛰어넘는 큰 지혜를 가졌음에도 반드시 다른 사
람의 선함을 취했다. 나는 매사에 내 의견을 고집하는 병폐가 있
다. 글을 볼 적에도 그러하다. 그래서 더 이상의 진보가 없기에
마침내 「취인명」을 짓는다.

옛사람이 말했지. "어리석은 사람도 천 번의 생각 중에 반드시
한 가지 얻을 것이 있으며 지혜로운 사람도 천 번의 생각 중에
반드시 하나의 실수가 있다. 하물며 남이 모두 잘못된 것도 아니
고 내가 모두 옳은 것도 아니다. 남의 언행을 즐겨 받아들여 너의
인격을 보완하라."

완벽한 인간은 없다. 지혜로운 사람도 실수 한 가지는 있기 마
련이다. 원숭이도 나무에서 떨어질 때가 있는 법이다. 그러니 단
하나의 잘못을 집요하게 비난하며 나머지 좋은 점을 물리쳐선 안
된다. 그 사람의 전체를 바라보고 좋은 점을 더욱 발전시켜 나갈
수 있도록 격려해야 한다. 또 아무리 어리석은 사람도 나보다 나은
점이 있기 마련이다. 나보다 못났다고 해서 그 사람을 무조건 무시
해서는 안 된다. 그의 장점을 잘 수용하여 나의 모자람을 채울 수
있어야 한다.

인간은 자기중심으로 생각하는 경향이 있기에 자신이 경험한

것으로 옳고 그름을 판단한다. 그러나 한 개인의 눈과 귀는 지극히 제한적이며 그 지식은 매우 불완전하다. 옳고 그름은 관계 속에서 상대적으로 드러나기도 하므로 나의 옳음은 상대방에게 그름이 되기도 한다. 그러므로 내 생각을 바꾸지 않으면 학문의 진보도 관계의 진전도 이루기 어렵다. 나를 낮추고 상대방의 좋은 점을 받아들일 때 관계는 아름다워지고 새로운 지혜가 열린다.

권만은 어려서부터 문장으로 이름이 높았으며 이인좌의 난 때는 의병장으로 활약했다. 부패한 관원을 탄원하여 모함을 받기도 했다. 남의 착한 행동을 보면 적극적으로 칭찬했고 남의 자잘한 흠은 입에 담지 않았다. 자잘한 예법에 얽매이지 않은 탓에 종종 예의가 없다는 비난을 받기도 했다. 주자서朱子書만 보아서는 안 되며 육경六經을 두루 읽어야 한다고 생각했다.

권만은 자신을 고집불통이라고 깎아내렸으나 실제로는 열린 마음을 지녔으며, 학문의 진전이 없다고 자평했지만 실제로는 큰 학문을 성취했다. 자신을 낮출 수 있는 사람이 더욱 성숙한 인간이라 하겠다.

/ / / / / / / /

남의 언행을 즐겨 받아들여 너의 인격을 보완하라.
樂取於人, 以輔爾仁.

권만(權萬), 『강좌집(江左集)』 「취인명(取人銘)」

103

남이 나를 해치려 해도
맞서지 말라

대구 사람 김충선金忠善(1571~1642)은 본디 '사야가沙
也叮'라는 이름을 가진 일본인 무사였다. 그는 임진왜란이 일어난
1592년 스물두 살의 나이에 선봉군이 되어 조선에 들어왔다. 조총
을 들고 조선 땅을 유린하던 사야가는 전쟁터에서 잊을 수 없는 광
경을 보았다. 아내와 아이를 거느린 농부 한 명이 늙은 어머니를
업고 가파른 산길을 따라 피난을 가고 있었다. 총알이 쏟아지고 일
본군이 뒤를 쫓는데도 농부는 어머니를 포기하지 않았다. 사야가
는 저토록 착한 백성을 해칠 수는 없다고 생각했다.

그리하여 그는 자신을 따르던 군사들과 함께 그날로 조선에 투
항했다. 이후 사야가는 조총과 화약 만드는 법을 조선군에게 가르
쳐 큰 공을 세웠고, 김충선이라는 이름과 정2품 자헌대부資憲大夫
의 자리를 얻었다.

전쟁 중에 적장이 자기 나라를 배신하고 항복을 하면 그 적장의 목을 베기도 한다. 자신의 조국을 배신했으니 언젠가는 또 배신할 수도 있다고 생각하는 것이다. 왜군이었던 김충선을 조선 사람들이 곱게만 보지는 않았다. 한갓 오랑캐 땅에서 건너온 이방인, 우리 땅을 침략한 원수. 사람들은 그렇게 김충선을 손가락질하고 사소한 잘못에도 거센 비난을 퍼부었을 것이다. 김충선은 평생 단 한 번도 사람들 앞에서 고향 이야기를 꺼내지 않았다고 한다.

그렇지만 마음속에서 가족을 완전히 잊을 수는 없었다. 찾아가고 싶어도 그곳에서는 배신자라는 낙인이 찍혀 있을 것이고, 조선 사람도 일본의 가족을 그리워하는 그를 좋게 볼 리 없었다. 새로운 안식처를 찾았지만 한편으로는 예전의 가족을 잊지 못해 가끔은 서러운 마음을 안고 살아갔으리라.

그리하여 김충선은 다음과 같은 시를 남겼다.

남풍이 건듯 불어

문을 열고 방에 드니

행여 고향 소식 가져왔나.

급히 일어나니

그 어인 광풍인가.

지나가는 바람인가

홀연히 소리만 날 뿐 볼 수가 없네.

허탈히 탄식하고

덩그러니 앉았자니

이내 생전에

골육지친骨肉之親 알 길 없어

글로 서러워하노라.

전쟁이 끝나고 대구 달성에 정착한 김충선은 두 명의 아내와 열
명의 자식을 두었다. 지금으로 보자면 다문화 가정인 셈이다. 당시
에는 귀화인이 극히 드물었기 때문에 김충선 일가는 소수자의 설
움을 톡톡히 겪었을 것이다. 자식들을 앞에 두고 김충선은 이렇게
가르쳤다.

남이 잘한 것이 있으면 칭찬해 주고 남이 잘못하거든 덮어 주어
라. 남이 나를 해치려 해도 맞서지 말고 남이 나를 비방해도 묵묵
히 참아라. 그러면 해치던 자는 스스로 부끄러워할 것이며 비방
하던 자는 스스로 그만둘 것이다.

김충선의 당부를 풀이하면 다음과 같을 것이다. "남의 허물을
보려 하지 말고 좋은 점을 적극적으로 찾아내어 칭찬해 주어라. 거
센 바람보다는 따뜻한 햇볕이 사람의 마음을 돌리는 법이다. 너희
를 해치려 하는 이들에게 앙심을 품지 말고 웃어 주어라. 그들의

말이 맞다면 너희 행실을 고치면 될 것이고, 그들이 잘못했다면 스스로 부끄러워하게 될 것이다. 순간의 분노는 더 큰 화를 부른다. 시간이 지나면 그들은 잠잠해질 것이다. 명심하여라. 지는 것이 이기는 것이다."

이는 편견과 차별 속에 살았던 어느 다문화 가족의 치열한 생존 지침이었다. 김충선의 가훈은 오늘날까지도 후손에게 전해지고 있다. 아픔과 고통을 경험한 자만이 남의 아픔을 이해하고 남의 고통에 함께 참여한다. 이방인에 대한 멸시, 다문화 가정의 고통을 뼈저리게 맛보았던 귀화인의 신분이었기에 그와 가족은 타인을 적극적으로 이해하고 악을 선으로 갚는 삶을 살아갈 수 있었다.

원한을 원한으로 갚으면 둘 다 망하는 길로 간다. 진정 멋진 삶의 태도는 내가 먼저 손을 내미는 것이다. 관계에서는 이기는 것이 이기는 것이 아니라 지는 것이 이기는 것이다.

//////

남이 잘한 것이 있으면 칭찬해 주고 남이 잘못하거든 덮어 주어라. 남이 나를 해치려 해도 맞서지 말고 남이 나를 비방해도 묵묵히 참아라. 그러면 해치던 자는 스스로 부끄러워할 것이며 비방하던 자는 스스로 그만둘 것이다.
人有善而揚之, 人不善而掩之, 人犯我而不較, 人謗我而默默, 則犯者自愧, 謗者自息矣.

김충선(金忠善), 『모하당집(慕夏堂集)』 「가훈(家訓)」

내 잘못을 말하는 사람이
나의 스승이다

학봉鶴峯 김성일金誠一(1538~1593)은 안동 출신 선비로 퇴계 이황의 문하생이다. 그는 굉장히 꼿꼿했으며 남의 잘잘못을 직설적으로 말하는 성격이었다. 임금 앞에서도 직언을 서슴지 않았다. 사람들은 그에게 '궁궐의 호랑이殿上虎'라는 별명을 붙여 주었다.

이런 일화도 있다. 김성일이 사간원의 정언正言(정6품의 벼슬)으로 있을 때 선조가 경연장에서 신하들에게 물었다.

"경들은 나를 어느 임금과 비교할 수 있는가?"

한 신하가 요순堯舜 같은 임금이라고 답하자, 학봉이 말했다.

"요순도 될 수 있고 걸주桀紂도 될 수 있습니다."

선조가 물었다.

"요순과 걸주가 비슷한가?"

김성일이 말했다.

"능히 생각하면 성인이 되고 생각지 않으면 미치광이가 됩니다. 전하께서 타고난 성품이 총명하시니 요순 같은 성군이 되는 것은 어렵지 않습니다. 그러나 스스로 성인인 척하고 간언諫言을 거절하는 병통이 있으시니 걸주 같은 포악한 군주가 망한 까닭이 아니겠습니까?"

임금은 안색이 변했고 신하들은 벌벌 떨었다. 그때 유성룡이 나섰다.

"요순이라고 한 것은 임금을 인도하는 말이고 걸주에 비유한 것은 경계하는 말이니, 둘 다 임금을 사랑하는 말입니다."

그제야 임금도 노여움을 풀며 신하들에게 술을 따라 주었다고 한다.

김성일의 평소 성품과 행적을 쓴 「언행록」에 의하면, 악한 사람을 너무 미워하여 모난 점이 드러나는 것을 알고는 관홍寬弘이라는 두 글자를 벽에 크게 써서 붙여 놓고 항상 자신을 돌아보았다고 한다. 관홍은 마음이 너그럽고 도량이 크다는 뜻이다. 그런 김성일이 평생에 걸쳐 얻은 한마디는 다음과 같다.

내 잘못을 말하는 자가 나의 스승이고, 내게 좋게 말하는 자는 나의 적이다.

김성일은 항상 이 구절을 품고 스스로 경계하고 격려했다. 그리하여 다른 사람의 착한 행실은 반드시 귀를 기울였고 자신의 잘못은 반드시 두려운 마음가짐으로 대하여 즉시 고쳤다.

들기 좋은 달콤한 말을 감언甘言이라고 한다. 감은 달다는 뜻이다. 사람들은 달콤한 말을 좋아한다. 비위를 맞추는 말, 환심을 사기 위해 하는 말인 줄 알면서도 못 이기는 척 좋아한다. 쓴 말은 듣지 않고 뱉어 낸다. 심지어 쓴 말을 한 사람을 해코지하려 한다.

그러나 단맛에만 오래 빠지면 이가 썩고 건강을 해친다. 말도 마찬가지다. 달콤한 말은 당장에는 솔깃해 보이나 서서히 영혼을 썩게 만든다. 고언苦言, 쓴 말은 당장에는 아프지만 나를 돌아보게 하고 성숙하게 한다.

『순자荀子』에는 다음과 같은 구절이 있다.

나를 꾸짖으며 대하는 자는 나의 스승이고
나를 올바로 대하는 자는 나의 벗이며
내게 아첨하는 자는 나의 적이다.

非我而當者, 吾師也, 是我而當者, 吾友也, 諂諛我者, 吾賊也.

칭찬은 고래도 춤추게 한다는 말이 있지만 칭찬에 중독되면 교만과 자기도취에 빠지게 된다. 나의 잘못을 말하는 사람이 나를 한층 성숙하게 한다. 인생에 나의 잘못을 지적해 줄 수 있는 사람이 하나쯤 있다면 나의 인격은 더욱 깊어질 것이다. 인생에는 내 편이 되어 주는 친구도 필요하지만 내 부족함을 깨닫게 하는 스승도 필요하다.

/ / / / / / / /

내 잘못을 말하는 자가 나의 스승이고,
내게 좋게 말하는 자는 나의 적이다.
道吾過者是吾師, 談吾美者是吾賊.

김성일(金誠一), 『학봉집(鶴峯集)』 「언행록(言行錄)」

나를 힘들게 하는 사람이
나를 성장하게 한다

율곡栗谷 이이李珥(1536~1584)는 퇴계 이황과 더불어 조선 성리학의 양대 산맥을 이루는 인물이다.

율곡의 어머니는 신사임당으로 전 세계에서 유일하게 모자가 함께 화폐 모델로 등장한 것으로 화제가 되기도 했다. 율곡은 열세 살에 과거에 장원으로 급제한 이후 각기 다른 과거 시험에서도 아홉 번 장원급제 하여 구도장원공九度壯元公이라 불리기도 한다. 왕을 가르치는 스승이었으며 우리나라의 18대 명현名賢 가운데 한 사람이기도 하다.

율곡의 나이 열여섯에 어머니인 신사임당이 세상을 떠났다. 율곡은 묘소 앞에 움막을 짓고 3년 동안 곁을 지켰다. 삼년상을 마친 후에는 금강산에 들어가 불교에 몰입하며 삶과 죽음에 대해 공부했다. 하지만 불교가 유교에 미치지 못함을 깨닫고 금강산에서 내려와 성리학을 깊이 연구했다.

율곡은 스무 살에 「자경문自警文」을 써서 평생 진리를 추구하며 살겠다고 다짐했다. 자경문은 청년 율곡의 인생 좌우명인 셈이다. 자경문의 주요 내용은 다음과 같다.

1. 먼저 그 뜻을 크게 가져야 한다. 성인을 본보기로 삼아 조금이라도 성인에 미치지 못한다면 나의 일은 끝난 것이 아니다.

2. 마음이 안정된 자는 말이 적다. 마음을 안정시키는 일은 말을 줄이는 데서 시작한다.

3. 제때가 된 뒤에 말을 한다면 말이 간략하지 않을 수 없다.

4. 생각이 어지러울 때는 정신을 가다듬어 가만가만 다룰 것이요, 그 생각에 이같이 애쓰기를 오랫동안 하면 반드시 차분히 안정되는 때가 있을 것이다. 무슨 일을 하든지 전심전력한다면 그 또한 마음을 안정시키는 공부가 된다.

5. 늘 경계하고 두려워하며 홀로 있을 때를 삼가는 생각을 가슴에 담고서 유념하여 게을리하지 않는다면 일체의 나쁜 생각이 자연히 일어나지 않게 된다.

6. 모든 악은 모두 홀로 있을 때를 삼가지 않음에서 생긴다.

7. 홀로 있을 때를 삼간 뒤라야 기수沂水에서 목욕하고 시를 읊으며 돌아온다는 의미를 알 수 있다.

8. 언제나 저 『맹자』에서 이른바 '한 가지 옳지 못한 일을 행하

고 한 사람의 죄 없는 이를 죽이고서 천하를 얻는다면 하지 않는다'는 생각을 가슴속에 간직해야 한다.

9. 힘든 일이 찾아오면 스스로 돌이켜 깊이 성찰하고 감화시키 도록 노력해야 한다. 한 집안사람들이 변화되지 못하는 것은 단지 나의 성의가 모자라기 때문이다.

10. 밤에 잠을 자거나 몸에 질병이 있는 경우가 아니면 눕는 일이 있어서는 안 되며 비스듬히 기대어서도 안 된다. 한밤중이더라도 졸리지 않으면 누워서는 안 된다. 다만 밤에는 억지로 잠을 막으려 해서는 안 된다.

11. 공부를 하는 일은 늦추어도 안 되고 급하게 해서도 안 되며, 죽은 뒤에야 끝나는 것이다. 만약 그 효과를 빨리 얻고자 한다면 이 또한 이익을 탐하는 마음이다.

그중 아홉 번째 조목이 눈길을 끄는데, 율곡의 계모와 관련 있어 보인다. 율곡의 아버지는 아내가 죽고 나서 바로 후처를 맞았다. 새로 들어온 여자는 권씨였는데 기록에 따르면 성품이 고약하고 술을 잘 마셨으며 툭 하면 율곡을 못살게 굴었다고 한다. 율곡이 열아홉 살 때 금강산의 절에 들어간 것도 계모의 괴롭힘을 견디지 못해서였다고 한다.

그가 집으로 돌아와 「자경문」을 쓴 이후에도 권씨는 계속해서 괴팍한 짓으로 율곡을 괴롭혔다. 빈 독에 머리를 박고 온 동네가 떠나갈 듯 통곡을 하는가 하면 아무 이유 없이 방바닥을 두들겨 댔다. 가족들이 자신을 제대로 대접해 주지 않는다고 괜한 심술을 부린 것이다.

그때마다 율곡은 위의 구절을 떠올리며 권씨 앞에 꿇어앉아 용서를 빌었다. 권씨가 목을 매달고 자살 소동을 벌이다가 앓아 누웠을 때도 율곡은 친어머니에게 하듯이 직접 약을 달여 바치며 정성을 다해 간호했다.

율곡의 한결같은 진심에 감동한 권씨는 마침내 강퍅했던 마음을 바꾸어 점점 선한 사람으로 바뀌어 갔다. 율곡을 인정하는 것은 물론 그의 덕을 배우려고 노력했다. 율곡이 병들었을 때 그의 아내보다 더 정성껏 간호했고 율곡이 죽자 그 누구보다 슬퍼하며 3년 동안 상복을 입었다. 권씨는 지난날의 잘못을 뉘우치며 다음과 같이 말했다.

"율곡은 해동이 낳은 증자曾子다. 그런 효자를 괴롭힌 일을 참회하지 않고는 도저히 눈을 감을 수 없다."

율곡은 자신을 괴롭힌 새어머니를 이해하고 끝까지 진심으로 대함으로써 자신의 내면이 성장한 것은 물론 계모의 괴팍한 성격까지 변화시켰다. 그가 조선 최고의 학자로 추앙을 받는 데는 탁월한 능력과 세상을 경영하는 경륜 이전에 부모를 존경하고 끝까지 따르는 마음이 있었다고 보아야 할 것이다.

'나를 힘들게 하는 사람이 나를 성장하게 한다'는 말이 있다. 나를 힘들게 하는 사람으로 인해 나를 돌아보고 성찰하는 기회를 가지라는 뜻이다. 상대방이 어떻게 대하느냐에 앞서 내가 어떠한 마음가짐으로 대하느냐가 더욱 중요하다.

／／／／／／

힘든 일이 찾아오면 스스로 돌이켜 깊이 성찰하고
감화시키도록 노력해야 한다.
橫逆之來, 自反而深省, 以感化爲期.

이이(李珥), 『율곡전서(栗谷全書)』「자경문(自警文)」

절대로
보증을 서지 말라

조선 시대 학자인 김안국金安國(1478~1543)은 자신이
겪었던 생생한 체험담을 들려주며 자식에게 빚보증을 서지 말라고
신신당부한다.

김안국은 성리학에 대한 조예가 깊어 유학의 진흥에 큰 공을 세
운 학자다. 성품이 치밀하고 부지런하여 방아를 찧을 때 쌀겨를 저
장해 두었다가 춘궁기가 되면 굶주린 백성을 먹였다고 한다. 또한
닥나무에 물이끼를 섞어 태지苔紙라는 값싸고 질 좋은 종이를 만
들기도 했다. 시문에도 능했는데, 그가 지은 글 중에 「모재가훈慕齋
家訓」이 특히 유명하다. 자식들이 바르고 곧게 자라기를 바라는 마
음을 담고 있다.

김안국의 호 모재慕齋는 부모를 사모한다는 뜻이다. 김안국은
열일곱 살에 아버지와 어머니를 연이어 여의었다. 그는 몸이 야윌

정도로 슬퍼하면서 아침저녁으로 매일 제사 음식을 차렸다. 죽을 때까지 부모를 그리워하여 외출하고 들어올 때면 반드시 부모의 사당에 고하고 초하루와 보름에는 반드시 제사를 지냈다고 한다. 부모의 사당 옆에 작은 서재를 짓고 지내며 음식을 먹을 때는 반드시 부모를 생각했다. 부모를 평생 그리워하는 마음 뒤에는 그가 어린 시절에 겪은 큰 아픔이 있었다.

김안국이 열여섯 살이던 겨울의 일이다. 그의 아버지가 남에게 빚보증을 서주었는데, 잘못되는 바람에 집안이 풍비박산이 났다. 재산을 다 빼앗기고 부유하던 집안은 빈털터리가 되었다. 가세가 일시에 휘청거렸다. 빚을 갚고 집안을 일으켜 세우기 위해 김안국과 가족들은 닥치는 대로 일감을 구하는 등 피눈물 나는 노력을 기울여야 했다.

가정도 챙기면서 밤낮으로 동분서주한 끝에 차츰차츰 빚을 갚아 나갈 수 있었다. 그리하여 겨우 집안의 명성을 회복했고 남들처럼 먹고사는 형편에 이르렀다. 하지만 그사이 부모가 모두 화병으로 돌아가셨다. 빚보증이 잘못되고 나서 바로 이듬해 연이어 돌아가셨으니 화병임이 분명해 보인다. 이 일로 김안국은 큰 교훈을 얻었고, 자식들에게 남의 빚보증은 절대 서지 말라는 가훈을 남기게 되었다.

퇴계 이황도 자식에게 "빚보증을 절대 서지 말고 이자 놀이를 절대 하지 말라"라는 가훈을 남겼다. 성경의 잠언에서도 "남의 보증을 서거나 담보를 서지 말라. 네가 갚을 힘이 없으면 네 누운 자리마저 빼앗기리라"라고 경고하는 것을 보면 빚보증은 동서양을 막론하고 아주 오랜 옛날부터 큰 골칫거리였음을 알 수 있다.

빚보증을 서주는 동기는 순수한 신뢰와 막역한 인간관계를 기반으로 한다. 그러나 그것이 가져오는 불행은 한 개인의 고통에 그치지 않는다. 가장 가까웠던 관계를 원수 지간으로 만들고 가족끼리도 서로 미워하거나 등을 돌리게 만든다. 고전의 권위가 계속해서 경고한다면 깊이 새겨 두어야 할 삶의 교훈이라고 생각한다.

/ / / / / / / /

남이 일을 도모할 때 절대로 보증을 서지 말라.

人之謀事, 切勿立保.

김안국(金安國), 『모재유고(慕齋遺稿)』「계자손훈(戒子孫訓)」

어리석어야 할 일에는
어리석어라

　　박팽년朴彭年(1417~1456)은 조선 시대 대표적인 충신으로 성삼문成三問과 더불어 사육신死六臣을 대표하는 인물이다. 그는 말수가 적고 차분했으며 의리와 정의를 중요하게 여겼다. 열일곱 살에 문과에 급제했고 세종 때 신숙주申叔舟, 최항崔恒, 유성원柳誠源, 이개李塏, 하위지河緯地 등과 함께 집현전의 관원에 발탁되었다. 집현전에는 유능한 젊은 학자가 많았는데 그 가운데 박팽년은 학문과 글쓰기, 문장이 남들보다 뛰어나 모든 것을 아우른다는 의미의 '집대성'이란 칭호를 얻었다.

　　세종이 죽고 문종이 뒤를 이었다. 문종이 병이 들자 집현전 학사들을 불러 어린 단종을 무릎에 앉히고 당부했다. "이 아이를 잘 부탁하오." 그날 모두 술에 취해 잠들었는데 문종은 손수 집현전 학사들에게 이불을 덮어 주었다. 학사들은 감격하며 단종을 잘 보필하기로 맹세했다.

문종의 뒤를 이어 열두 살의 어린 단종이 왕위에 올랐다. 그런데 야심가였던 수양대군이 조카인 단종을 내쫓고 스스로 왕의 자리에 올랐다. 박팽년은 크게 절망하여 경회루 연못에 몸을 던지려했다. 이때 지우知友인 성삼문이 뜯어말렸다. "아직 상왕(단종)이 살아 계시니 살아 있어야 훗날을 도모할 것이네." 박팽년은 친구의 설득에 마음을 돌이켰다.

세조가 왕위에 오르고 박팽년은 충청도 관찰사가 되었다. 하지만 그는 세조를 왕으로 인정할 수 없었다. 그래서 조정에 글을 올릴 때는 아무도 눈치 못 채게 신臣 대신 거巨라고 쓰거나 '아무개'라고만 적었다. 나라에서 준 녹은 먹지 않고 창고에 쌓아 두었다.

1456년 성삼문 등과 함께 단종을 복위하려는 일을 계획했으나 밀고자가 생겨 발각되고 말았다. 일을 꾸민 이들이 모두 잡혀 들어갔는데, 박팽년은 순순히 자백했다. 평소 그의 재주를 아꼈던 세조는 그를 살리고 싶었다. "마음을 고쳐 나를 섬기면 살려 주겠다." 박팽년은 말없이 웃으며 그저 "나으리"라고만 할 뿐이었다. 세조는 화가 났다. "네가 이전에 이미 신하라고 말했고 녹까지 먹었으니 지금 아니라고 해도 소용없다." 박팽년은 말했다. "저는 상왕의 신하이지 어찌 나으리의 신하가 되겠습니까? 신하라고 일컬은 적이 없고 녹을 먹은 일도 없소이다." 사람을 시켜 조사해 보니 정말로 신하라고 쓴 글이 하나도 없었다.

세조의 회유를 끝까지 거부했던 그는 혹독한 고문을 이기지 못하고 옥중에서 죽음을 맞이했다. 그의 나이 마흔이었다. 죽기 전 그는 주위 사람을 돌아보며 "나를 난신亂臣이라 하지 말라"는 유언을 남겼다. 성삼문을 비롯한 사육신도 모두 능지처사陵遲處死되었다. 박팽년의 아버지를 비롯해 동생과 아들은 모두 죽임을 당했으며 여자들은 관비官婢가 되었다.

한 가정사로 보자면 삼대가 멸문을 당했으니 참으로 안타깝고 불행한 결말이다. 세조의 편에 붙어 승승장구한 신숙주를 생각하면 참으로 어리석은 죽음이 아닐 수 없다. 그러나 후세에는 신숙주를 변절자라고 부르고 박팽년은 사육신으로서 충절의 상징으로 부른다. 숙종 대에 그의 관직은 복구되었으며 영조 대에는 이조판서에 추증되고, 충정忠正이라는 시호도 얻었다. 박팽년은 그 시대에는 역적이었으나 후세에는 충신이 되었다.

그가 죽기 전 한 지인이 물었다. "공은 어쩌자고 어버이에게 불효하여 스스로 화를 자처하는가?" 그가 탄식하며 말했다. "내 마음이 편안하지 못하니 어쩔 수 없었소." 어린 단종을 지켜 달라는 문종과의 약속을 끝까지 지킨 것이다. 박팽년은 그야말로 어리석었으나 어리석지 않았던 진정한 '바보'였다.

다음은 박팽년이 친구를 권면하고 스스로를 경계하기 위해 남긴 잠이다.

아! 어리석은 사람들아

분별이 흐릿하구나

지혜자의 어리석음은

묵묵히 마음으로 이해하는 것

어리석지 않으나 어리석은 듯하고

있어도 없는 듯하다

모르면서도 아는 척하여

실질은 자신을 속이는 자는

어리석도다! 어리석도다!

어리석어야 할 일에는 어리석고

어리석어선 안 될 일에는 어리석으면 안 된다.

嗟顓愚之徒, 辨焉而夢夢, 哲人之愚, 默焉而其心已融, 不愚而愚, 有焉

若無, 不知而知, 而實自誣, 愚乎愚乎, 愚於其可愚, 不可愚於其不可愚.

/////////

어리석어야 할 일에는 어리석고
어리석어선 안 될 일에는 어리석으면 안 된다.
愚於其可愚, 不可愚於其不可愚.

박팽년(朴彭年), 『박선생유고(朴先生遺稿)』 「우잠(愚箴)」

내 할 일을 할 뿐,
내게 이로운지는 생각지 않는다

만호晚湖 신무愼懋(1629~1703)는 조선 후기 설옹雪翁 허후許厚의 학문을 계승한 유학자다. 키는 여덟 자였으며 얼굴이 잘생기고 목소리가 우렁찼다. 고매하고 호방한 성격이었으며 부지런하고 인내심도 아주 강했다.

하지만 신무는 젊은 시절에 이리저리 방황했다. 서얼이라는 신분의 제약에 막혀 뜻을 펼칠 수 없었던 것이다. 집 근처에 기생촌이 있어서 툭 하면 친구들을 데리고 기생집을 드나들었다. 어느 날 기생들과 어울려 놀다가 문득 주색에 빠진 자신에 대한 부끄러움이 밀려왔다. 순간 옷깃을 여미고 단정히 앉아 깊이 반성하고 발길을 뚝 끊었다. 신무를 좋아하던 기생이 그가 발길을 끊자 상사병에 걸려 죽었는데도 끝까지 조문 가지 않았다.

신무는 나라를 위해 일하고 싶은 큰 뜻이 있었다. 능력도 있었고 열정도 있었다. 하지만 그는 서얼이었다. 서얼은 재능이 아무리 뛰어나도 벼슬길이 제한되어 있었다. 그는 더 이상의 과거 시험은 무의미하다고 생각했다. 그리하여 진사가 되고 나서는 과감히 과거를 포기하고 식구들을 이끌고 동해의 고성현으로 들어갔다. 그의 나이 일흔 살의 일이었다.

고성현으로 이사 갈 때 그는 과일나무의 씨앗을 많이 챙겼다. 고성에는 과일이 별로 없었기 때문에 과일나무를 많이 퍼뜨릴 생각이었다. 그러자 어떤 사람이 그를 비웃었다. "영감님은 나이가 너무 많아서 열매 맺기도 전에 돌아가실 텐데 무엇하러 쓸데없는 짓을 하십니까?"

신무가 대답했다. "무슨 말이 그리 쩨쩨한가? 군자는 자신의 능력이 자신을 위해 쓰이기를 추구하지 않는다네. 나는 내 할 일을 할 뿐이고, 내게 이로운지는 생각하지 않는 사람이네." 그 사람은 부끄러워하며 물러났다. 신무는 자신이 심은 나무가 열매 맺는 것을 보지 못할지라도 개의치 않았다. 과일이 없는 마을에 과일나무를 많이 심어 마을 사람에게 도움을 주면 그뿐이었다.

그는 세상을 등지고 은둔하는 삶을 택하지는 않았다. 비록 처지는 초라할지라도 자신이 서 있는 곳에서 이웃을 위해 최선의 삶을 살고자 했다. 백성들이 가난에 허덕이는 현실을 안타까워하여 「보민편保民篇」을 지어 백성을 구제할 방도를 제시하기도 했다. 임금이 그 글을 보고 기특하게 여겨 관직을 주려 했지만, 재상이 만류

하는 바람에 시행되지는 못했다.

얼핏 세상은 몇 뛰어난 영웅의 활약 덕분에 정의로워지는 것처럼 보인다. 평범한 사람보다 훨씬 뛰어난 재능을 지닌 자가 세상을 바꾸며 앞장서서 길을 이끄는 것 같다. 그러나 별 하나가 아무리 선명하게 반짝인다 해도 밤하늘을 환하게 밝힐 수는 없다. 수많은 작은 별이 모여야 밤하늘은 밝게 반짝인다.

자기 이익만 챙기는 사람들로 가득한 것 같지만 기꺼이 남을 도울 준비가 되어 있거나 힘껏 도우며 사는 이들도 많다. 오른손이 하는 일을 왼손이 모르게 살아가기에 드러나지 않을 뿐이다. 작은 뭇별이 모여 함께 빛을 낼 때 밤하늘이 아름답고 찬란하게 빛나듯 작은 존재들 덕분에 세상은 더욱 아름답게 빛난다. 신무도 작은 별 중의 하나였다.

〃〃〃〃〃〃

나는 해야 할 일을 했을 뿐, 나를 이롭게 하는지는 생각하지 않는다.
吾爲其當爲, 不念利己者也.

이익(李瀷), 『성호전집』「신씨가숙연원서(愼氏家塾淵源序)」

혼자 즐기지 말고
남과 더불어 즐기라

연암 박지원은 고전 지성사에서 독보적인 문장가이 자 이용후생利用厚生을 대표하는 실학자이다. 그의 탁월한 문학 성취와 창조적인 생각은 혼자 능력으로 이루어낸 것이 아니다. 그 시대를 함께 살아간 공동체와의 지속적인 대화와 상호 협력 속에서 나온 것이다.

박지원은 혼자서도 잘될 수 있는 조건을 갖추고 있었다. 당시 가장 큰 헤게모니를 갖고 있던 노론에 속했으며 문장 실력도 탁월했다. 그러나 박지원은 혼자 잘되기를 원하지 않았다. 그는 힘없는 백성에게 관심을 가졌고 소외된 인재들과 친구가 되었으며, 가난한 백성이 삶을 풍요롭게 살아가기를 바랐다. 나아가 오랑캐 나라인 청나라를 배워 조선 사회에 적용하기를 바랐으며 온 천지 만물이 더불어 공생하기를 소망했다.

어느 날 박지원의 문하생 최진겸崔鎭謙이 뜻 맞는 선비들과 독서하면서 집 이름을 독락당獨樂堂이라 지었다. 홀로 즐기는 집이란 뜻이다. 외물外物에 기대지 않고 스스로 즐겁게 살겠다는 뜻을 담은 것이리라. 박지원은 그 뜻을 기특하게 여기면서도 독락에서 중락衆樂으로 나아갈 것을 권고했다.

세상 사람들과 함께 즐기면 여유가 있지만 자기 혼자서만 즐기면 부족하다. 옛날에 요임금이 큰 거리에서 노닐 때는 화목하여 세상과 함께 즐긴다고 말하더니 화봉인華封人의 축원을 사양할 때는 근심과 슬픔으로 가슴이 떨려 하룻저녁도 못 넘길 것처럼 탄식했다.

아아, 화봉인의 세 가지 축원은 인생의 큰 소원을 모두 갖추고 천하의 지극한 즐거움을 다한 것이라 할 만하다. 어찌 요임금이 형식적으로 겸손과 사양의 태도를 취하면서 기뻐한 것이겠는가. 진실로 자신에게 우려되는 바가 있어 이를 독차지하는 것을 재난으로 여긴 때문이었다. … 최씨의 자제 진겸이 하계 가에 집을 짓고 뜻 맞는 선비 몇 명과 이 집에서 독서하면서 집 이름을 독락당이라고 했으니 이는 옛 사람의 도에 뜻을 두었기 때문이다. 나는 그 뜻을 장하게 여겨 이와 같이 기記를 짓고 그 일에 더욱 전념케 하여 그의 독락을 여럿이 즐기는 중락으로 만들고자 한다. 이는 내가 그 즐거움을 세상 사람들에게 넓히려는 때문이다.

화봉인은 화華라는 땅을 지키는 사람이다. 화봉인의 축원에 관해서는 다음과 같은 이야기가 있다. 옛날 화봉인이 요임금에게 장수를 누리고 부를 쌓으며 대를 이을 아들을 많이 낳으라는 축복의 말을 올렸다. 그러자 요임금은 아들이 많으면 걱정이 많고, 부유해지면 할 일이 많으며, 오래 살면 욕되는 일이 많으니 세 가지는 덕을 기르는 일이 아니라며 사양했다고 한다. 세 가지 축원은 인생의 가장 큰 소망이라 하겠다.

박지원은 요임금이 이를 사양한 진짜 속마음은 이 같은 지극한 즐거움을 혼자 독차지할 수가 없었기 때문이라 보았다. 그는 제자인 최진겸이 당호를 독락이라고 짓고 기문을 청하자 혼자 즐기는 독락을 넘어 천하 사람들과 함께 즐기는 중락으로 나아가라고 권면한 것이다.

중락에 대한 박지원의 생각은 『맹자』에서 나온 것이다. 맹자가 양혜왕에게 물었다. "홀로 음악을 즐기는 것과 남들과 함께 음악을 즐기는 것 가운데 어느 것이 더 즐겁습니까?" 양혜왕이 대답했다. "홀로 즐기는 것은 남과 더불어 즐기는 것만 못합니다." "소수와 함께 음악을 즐기는 것과 여럿이 함께 즐기는 것 가운데 어느 것이 즐겁습니까?" "여럿과 함께 즐기는 것만 못합니다."

세상에는 혼자서만 즐기려 하고 혼자서만 차지하려는 이가 있다. 그러나 이 세상은 수많은 '나'가 모인 '우리'가 살아가는 곳이다. 내가 진정 행복해지고 싶다면 남도 행복해야 하고, 내가 여유

를 즐기고 싶다면 우리가 함께 즐길 수 있어야 한다. 그래야 그 즐
거움이 전파되어 온 세상이 즐거워진다.

／／／／／／／

세상 사람들과 함께 즐기면 여유가 있지만
자기 혼자 즐기면 부족하다.
以天下樂之有餘, 而獨樂於己不足.

박지원(朴趾源), 『연암집(燕巖集)』 「독락재기(獨樂齋記)」

하루아침의 걱정이 아닌
평생의 근심을 걱정하라

근심 없는 인생은 없다. 좋은 집에 살며 날마다 진수
성찬을 먹어도 근심은 있다. 일 년, 아니 하루 중에도 마음 편하
기가 어렵다. 매월당梅月堂 김시습金時習(1435~1493)은 평생 근심
과 질곡을 안고 살다 간 인물이다. 그는 임금이 주목한 신동이었
다. 다섯 살 때 세종 앞에서 시를 지어 비단을 하사받은 이후로 오
세五歲란 별명을 얻었다. 그는 주변의 큰 기대를 안고 암자에 들어
가 공부에 전념했다. 그러나 그가 스물한 살 때 수양대군이 정변을
일으켜 어린 단종을 내쫓았다. 김시습은 크게 절망했다. 충신은 두
임금을 섬기지 않는다는 유학의 대의가 무너진 것이다. 그동안의
꿈과 보람이 한순간에 사라지는 순간이었다. 김시습은 사흘간 크
게 통곡한 뒤 읽던 책을 모두 불태웠다.

김시습은 머리를 깎고 평생 전국을 떠돌며 아웃사이더의 삶을

살았다. 그러던 중 경주의 금오산에 들어갔을 때 쓴 것이 『금오신화』다. 그는 금오산 암자에 머물며 앞날에 대해, 삶에 대해 깊이 고민했다. 아무것도 가진 것이 없고 아무것도 남은 것이 없는 삶, 어찌할 것인가? 오늘 하루는 무얼 먹으며 내일은 어디에서 잘까? 나는 무얼 위해 공부하며 미래는 어찌될 것인가?

그러나 그는 생각을 되돌렸다. 누구나 근심을 안고 태어나지 않던가? 당장의 걱정거리에 휘둘려 영혼을 낭비하지 말자. 하루아침의 근심을 걱정하지 말고 정말로 중요한 평생의 근심을 걱정하자.

그리하여 김시습은 암자의 거실 북쪽에 「북명北銘」이란 시를 써 붙였다. 다음은 그 구절 중 일부다.

한 쪽박의 물과 대그릇의 밥일망정
공밥은 먹지 말고
한 그릇을 먹으면 한 사람 몫을 하되
의에 맞는 것을 알아야 하리
하루아침의 걱정이 아니라
평생의 근심을 걱정하고
파리함을 괘념치 말고
뜻 바꾸지 않는 즐거움을 즐겨야 하리.

水一瓢食一, 切勿素餐, 受一飯使一力, 須知義適. 無一朝之患,
而憂終身之憂, 有不病之癯, 而樂不改之樂.

김시습은 『맹자』의 구절을 떠올렸다. 맹자는 군자는 종신토록 하는 근심은 있어도 하루아침의 근심은 없는 법이라고 했다. 하루 아침의 근심이란 문득 생겼다가 시간이 지나면 사라지는 근심이다. 사람들은 먹고사는 문제로, 관계가 틀어질까 봐, 미래에 대한 근심 때문에 매일 노심초사한다. 그러나 돈과 명예, 지위 같은 것들은 시간이 지나면 아침 이슬처럼 금세 사라진다.

이와 대비되는 말이 평생 해야 할 근심이다. 평생의 근심은 이웃과 사회를 위해 내가 어떤 뜻을 품고 어떻게 살아가야 할지, 어떤 세상을 만들어 가야 할지를 고민하는 것이다. 자기 근심에서 벗어나 이웃과 사회를 위해 고민할 때 티격태격 다투는 일들이 사소해지고 더 큰 꿈을 품는 인간으로 나아간다.

그리하여 김시습은 자잘한 자기 문제에 얽매이기보다 가난한 백성의 삶을 걱정하고 현실의 모순을 고민하는 삶을 살았다. 근심을 없애기보다 더 큰 근심을 걱정하는 길을 택했다. 그럼으로써 좁은 자기 울타리에서 벗어나 이웃과 백성의 삶을 아파하는 특별한 시인으로 살다 갔다.

/ / / / / / / /

하루아침의 걱정이 아닌 평생의 근심을 걱정하라.
無一朝之患, 而憂終身之憂.

김시습(金時習), 『매월당집(梅月堂集)』 「북명(北銘)」

아름다움은
오래 머무르지 않는다

1792년 정조는 풍속과 도덕을 교화한다는 명목으로 문체반정文體反正을 일으켰다. 조선 시대에는 문체가 바르지 못하면 인간의 심성이 잘못된 길로 빠진다는 생각을 지니고 있었다. 연암 박지원의 『열하일기』와 같이 전아한 문체에서 벗어난 글을 패관소품이라 규정하고, 경전과 같은 고문古文을 모범으로 삼아야 한다고 하며 문체를 단속했다. 문무자文無子 이옥李鈺(1760~1815)은 이 문체반정에서 실제로 큰 피해를 당한 유일한 사람이었다.

이옥은 경기도 남양南陽(지금의 화성)에서 서족 출신으로 태어났다. 그는 감수성이 풍부했으며 낭만적인 기질이 있었다. 꽃과 물을 가장 사랑한다고 고백했으며 패관문학을 즐겨 읽었다. 청운의 꿈을 품고 과거 시험을 준비하여 서른한 살 때 성균관 유생이 되었다. 36세 때 임금의 행차를 기념한 글을 썼는데, 글을 본 정조가 문체가 괴이하다며 정거停擧, 곧 과거 응시 자격을 정지시키고 날마다 과거의 문체인 사륙문四六文 50수를 짓게 했다. 과거 시험일이 다가오자 충군充軍의 벌로 바꾸어 주었다. 충군은 군대를 다녀오는 것이다.

충청도 정산현定山縣(지금의 청양군)에서 몇 개월 군 복무를 한 이옥은 과거에 응시했다. 하지만 이번에도 정조는 그의 문체가 불순하다고 지적하며 충군을 명했다. 이번에는 경상도 삼가현三嘉縣(지금의 합천군)에서 몇 개월의 군 복무를 했다.

힘든 상황이었지만 이옥은 최선을 다해 과거를 준비하여 다음해 2월, 별시의 초시初試에서 당당히 일등을 차지했다. 하지만 기쁨도 잠시, 정조는 그가 쓴 글이 격식에 어긋난다는 이유로 맨 아래 등급으로 강등시켰다.

다음 해 이옥은 실의에 젖어 고향인 남양으로 돌아왔다. 그런데 황당하게도 몇년 뒤에 삼가현에서 군대 소환 통지서가 날아들었다. 예전 삼가현에 다녀올 때 행정 절차를 밟지 않아 그의 이름이 여전히 군적에 등록되어 있었던 것이다. 절차상 오류임을 항변했지만 받아들여지지 않았고 그는 또다시 군대를 가야 했다. 그리하여 이옥은 역사상 군대를 세 번 다녀온 흔치 않은 사람이 되었다.

이옥의 청운의 꿈은 허무하게 끝나고 말았다. 그는 스스로 고백했듯, 길 잃은 사람失路之人이었다. 재능이 남달랐던 한 젊은이의 꿈은 문체를 고치지 못했다는 이유 하나로 좌절되었다. 이옥은 출세를 위한 글을 쓰는 대신 자신이 좋아하는 글을 쓰기 시작했다. 개인의 일상을 자유롭게 표현한 감성적이고 신변잡기적인 소품의 글쓰기였다. 한 집안의 가장으로서, 부모의 자식으로서, 그 모든 삶의 무게를 끌어안고 가야 하는 외로운 길이었다.

어느덧 그의 나이 마흔아홉이 되었다. 문득 거울을 본 이옥은 깜짝 놀랐다. 생기 있게 빛나던 얼굴이 폭삭 늙어 있었다. 그는 거울에 비친 자신의 모습을 다음과 같이 표현했다.

나는 모르겠다. 너의 얼굴에서 지난날엔 가을 물처럼 가볍고 맑던 피부가 어이해 마른 나무처럼 축 늘어졌느냐? 지난날 연꽃이 물든 듯 노을이 빛나는 것 같던 뺨이 어찌하여 돌이끼의 검푸른 빛이 되었느냐? 지난날 구슬처럼 영롱하고 거울처럼 반짝이던 눈이 어이해 안개에 가린 해처럼 빛을 잃었느냐? 지난날 다림질한 비단 같고 볕에 쬔 능라 같던 이마가 어찌하여 늙은 귤의 씨방처럼 되었느냐? 지난날 보들보들하고 풍성하던 눈썹이 어이해 축 땅의 누에처럼 말라 쭈그러졌느냐? 지난날 칼처럼 꼿꼿하고 갠 하늘의 구름처럼 풍성하던 머리카락이 어이해 부들 숲처럼 황폐해졌느냐? 지난날 단사丹砂를 마신 듯 앵두를 머금은 것 같던 입술이 어이해 붉은빛 사라진 해진 주머니같이 되었느냐? 지난날 단단한 성곽 같던 치아가 어찌해 비스듬해지고 누렇게 되었느냐? 지난날 봄풀 갓 돋은 것 같던 수염이 어이해 흰 실이 길게 늘어진 듯 되었느냐? 지금의 얼굴로 옛날의 얼굴을 대질해 보면 친족, 형제들이 혹 서로 비슷할 수도 있으련만 어이 그리도 다르단 말이냐?

「경문鏡問」

문체 때문에 평생의 꿈이 막히고 이러구러 하는 사이에 세월은 흘러 쭈글쭈글 늙고 말았다. 그는 서글펐다. 팍 삭아버린 자신의 얼굴에 충격을 받아 깊은 슬픔이 밀려왔다. 괴로워하는 이옥에게 거울은 다음과 같이 위로했다.

아름다움은 진실로 오래 머무를 수 없고 명예는 진실로 영원토록 함께 못한다. 빨리 쇠하여 변하는 것은 진실로 이치이다. 그대는 어찌 절절히 그것을 의심하며 또 어찌 우울히 그것을 슬퍼하는가?

영원한 것은 없고 변하는 것은 자연의 섭리니 담담히 받아들이라는 것이다. 거울의 말은 자신에게 건네는 자기 위로이자 운명을 받아들이고 나아가겠다는 자기 다짐이기도 하다. '늙어 가는 것에 대해 불평할 것도, 슬퍼할 것도 없다. 돈도 명예도 한순간에 사라지는 물거품과 같은 것이다. 그러니 나는 사라지는 것에 소망을 두지 않고 오랫동안 남을 가치를 위해 살겠다.' 이옥은 자신에게 그렇게 다짐했을 것이다. 거센 세상의 물결을 헤쳐 가느라 한순간에 늙음이 찾아왔지만, 이옥은 세상을 원망하기보다는 자연의 이치로 받아들였다. 그리고 계속 자신만의 새로운 글을 쓰며 살아갔다.

7년 뒤 이옥은 56세의 나이로 세상을 떠났다. 비록 지금 그가 묻힌 무덤조차 찾을 길이 없지만, 그의 글은 길이 남아 후세에게 새로운 이정표가 되었다.

//////

아름다움은 오래 머무르지 않고 명예는 영원히 함께할 수 없다.
美固不可以長處, 譽固不可以久與.

이옥(李鈺), 「경문(鏡問)」

4장

오직 현재를 보고
정신을 집중하여 굳게 지키라

붙잡을 수 있는 날은
오늘뿐이다

모든 일이 치열하게 돌아가는 세상, 정신없이 살아가다 보면 '한가함'을 갈망하게 된다. 그런데 18세기의 학자 혜환 이용휴는 이 '한가함'을 경계했다. 한가함이란 말은 경전에도 실리지 않았고 성인도 말하지 않았는데 이를 핑계 대며 하루를 낭비하는 자들이 많다고 지적했다. 그는 우주도 항상 운행하는데 하물며 사람이 한가해서는 안 된다고 말한다.

이용휴가 아는 사람 중에 신 군君이 있었다. 그는 전도유망한 젊은이였다. 하지만 배움에 힘을 쏟기보다 친구들과 어울려 한가하게 노는 날이 많았던 모양이다. 신 군은 아직 젊기에 항상 내일이 있다고 믿었다. 이용휴는 기문記文을 지어 신 군에게 다음과 같이 당부했다.

이보게, 신 군. 좋고 나쁜 날은 따로 있지 않다네. 다만 하루를 쓰는 사람에게 달렸을 뿐이지. 하루가 쌓여 열흘이 되고, 다시 한 달이 되며, 일 년이 되네. 그러니 사람은 날마다 힘써 스스로를 닦아 가며 성장해야 하지. 지금 자네는 수양에 힘써야 할 때라네. 그 공부는 오직 오늘에 있을 뿐이니 내일을 말해서는 안 되네. 힘써 닦지 않은 날은 살지 않은 것과 마찬가지니 공친 날과 같네. 자네는 모름지기 눈앞에 환하게 빛나는 이날을 공친 날로 만들지 말고 오늘로 만들게.

하루는 누구에게나 공평하게 주어진 삶의 조건일 뿐 좋은 날과 나쁜 날이 따로 정해진 것은 아니다. 하루를 어떻게 사용하느냐에 따라 누군가에겐 의미로 가득한 날이 되고 누군가에겐 헛되이 흘려보낸 날이 된다. 그 하루가 모여 열흘이 되고, 다시 일 년이 된다. 이용휴는 내일이 있다는 핑계로 지금을 허투루 살지 말고 오직 '오늘'을 충실하게 공부하라고 당부한다.

사람들은 오늘 할 일을 내일로 미룬다. 나중에 힘들지언정 당장은 편하고 싶은 것이다. 하루면 마칠 수 있는 일이건만 앞의 일주일을 미루며 마음에 담아 두다가 마감 전날에야 부랴부랴 서두른다.

그러나 주자는 「권학문勸學文」에서 오늘 배울 것을 내일로 미루지 말라고 당부한다.

오늘 배우지 않으면서 내일이 있다 하지 말고

올해에 배우지 않아도 내년이 있다고 하지 말라

해와 달은 가고 세월은 나를 기다리지 않는다

아아, 늙어 버렸구나. 이 누구의 허물인고

소년은 쉽게 늙고 배움은 이루기 어렵다

순간의 시간을 가벼이 보내지 말라.

勿謂今日不學而有來日, 勿謂今年不學而有來年,

日月逝矣歲不我延, 嗚呼老矣是誰之愆,

少年易老學難成, 一寸光陰不可輕.

꽃은 지더라도 봄이 되면 다시 피지만 사람은 다시 과거로 돌아
갈 수 없다. 세월은 나를 기다려 주지 않는다. '지금 이 일을 그때
했더라면', '더 치열하게 살았더라면' 하고 후회해도 이미 엎질러
진 물이다. 붙잡을 수 있는 오늘을 충실하게 살아라. 그러면 과거
는 의미로 가득한 날이 되고 미래의 꿈은 현재가 될 것이다.

/ / / / / / / /

어제는 지나갔고 내일은 오지 않았다.
하려는 것이 있다면 오늘에 달렸을 뿐이다.
昨日已過, 明日未來. 欲有所爲, 只在當日.

이용휴(李用休), 『혜환잡저(惠寰雜著)』 「당일헌기(當日軒記)」

오직 현재를 보고
정신을 집중하여 굳게 지키라

카르페 디엠Carpe diem! 호라티우스는 해방 노예의 아들로 태어난 고대 로마의 대표 시인이다. 그는 시집 『송시Odes』의 열한 번째 시에서 앞날을 걱정하는 여인을 꾸짖으며 시간의 덧없음을 일깨운 뒤 다음과 같이 말한다.

인생은 짧다. 희망을 크게 가지지 말라. 우리가 이야기하고 있는
순간에도 시샘하는 시간은 지나가나니, 오늘을 잡아라.
내일은 최소한만 믿으라.

여기에서 '오늘을 잡아라'의 라틴어 원문이 '카르페 디엠'이다. 멀리 고대 로마까지 갈 것 없이, 지봉芝峯 이수광李睟光(1563~1628)도 우리에게 카르페 디엠 정신을 들려준다.

이수광은 실학의 선구자로서 성리학의 테두리에서 벗어나 지식을 현실과 접목했으며 동아시아뿐만 아니라 유럽 문명에도 관심을 기울였다. 배움이 백성을 위한 정치로 연결되어야 한다고 생각하여 "경서와 역사서를 두루 섭렵하라. 그러나 이를 정치에 적용하지 않으면 뜻 없는 공부나 마찬가지다"라는 주장을 펼치기도 했다.

특히 그가 쓴 『지봉유설芝峯類說』은 우리나라 최초의 문화 백과사전으로 평가받고 있다. 세 차례나 명나라에 사신으로 갔던 이수광은 서양의 문물을 직접 눈으로 보고 나서 평생 모은 국내외의 다양한 자료를 바탕으로 3,435항목이나 되는 사전적 지식을 망라했다. 그가 얼마나 하루하루 숨 돌릴 겨를 없이, 부지런히 살았는지 알 수 있다. 그에게는 하루하루가 모두 소중한 날이었다.

이수광이 쓴 「자경」을 읽어 보면 그가 자신을 얼마나 철저하게 경계하며 살았는지 알 수 있다.

이미 지난 일은 염두에 두지 말고 올 일도 생각하지 말라.
오직 현재를 보고 정신을 집중하여 굳게 지키라.

그가 일상의 지침으로 삼은 이 구절은 카르페 디엠 정신과 하나로 통한다. 어제와 내일은 붙잡을 수 없지만, 오늘 현재는 내가 붙잡을 수 있는 시간이다. 현재를 굳게 지킨다는 것은 지금 내가 해야 할 일에 몰두하여 잘 해낸다는 의미다. 우리는 과거의 일에 연연해 하며 미래에 대한 걱정으로 한 발자국도 앞으로 내딛지 못한다. 과거의 실수가 현재의 나를 괴롭히고 앞일에 대한 막연한 두려움으로 시간을 허비한다. 내가 붙들 수 있는 지금을 성실히 살면 과거는 성실한 삶이 되고 미래는 기대로 가득하다.

삶이란 한번 가버리면 그뿐, 후회한들 되돌릴 수 없다. 또 미래는 아직 오지 않은 알 수 없는 시간이다. 일어나지도 않은 일에 대해 미리부터 정력을 쏟을 필요가 있겠는가? 과거와 미래는 존재하지 않는 시간이다.

어제라는 고통에 갇히고 내일이라는 두려움에 막혀 현재present라는 선물을 차 버릴 수는 없다. 지금 이 순간을 충실하게 살자. 인생에 '오늘'이란 시간은 딱 한 번뿐이다.

///////

이미 지난 일은 염두에 두지 말고 올 일도 생각하지 말라.
오직 현재를 보고 정신을 집중하여 굳게 지키라.
已往休須念, 方來且莫思. 惟將見在事, 主一愼操持.

이수광(李睟光), 『지봉집(芝峯集)』 「자경(自警)」

먼 곳에 뜻을 두되
가까운 곳에 충실하라

같은 시대에 훌륭한 본을 보여 사람들에게 널리 알려진 인물이 있으니 이원익과 서애西厓 유성룡柳成龍(1542~1607)이다. 당시 사람들은 두 사람에 대해 둘 다 훌륭한 위인이지만 "이원익은 속일 수 있지만 차마 속이지 못하겠고, 유성룡은 속이고 싶어도 속일 수가 없다"라고 비교 평가했다. 병법에서 '속이고 싶어도 너무 무서워 감히 속이지 못하는 사람은 맹장猛將이고, 속이고 싶어도 너무 똑똑해 속일 수 없는 사람은 지장智將이며, 속일 수 있어도 차마 속일 수 없는 사람은 덕장德將, 속여서 속인 것 같은데 너무 운이 좋아 이기는 사람은 복장福將'이라고 했다. 즉 사람들은 이원익은 '덕장'으로, 유성룡은 '지장'으로 바라본 것이다.

서애 유성룡은 세상의 평가처럼 어려서부터 총명과 예지가 뛰어났다. 네 살 때 글을 깨쳤으며 스물한 살에 형과 함께 퇴계 이황의 문하생으로 들어갔다. 젊은 유성룡을 문하생으로 받은 퇴계는 하늘이 낳은 인재이며 반드시 나라에 크게 쓰일 것이라 칭찬했다.

특히 유성룡은 임진왜란 때 영의정이 되어 백의종군을 하던 이순신을 적극 추천하는 등 나라의 어려움을 이겨내는 데 앞장섰다. 인재가 없는 것이 아니라 인재를 알아보지 못하는 현실이 문제라고 지적하며, 인재를 적극 발굴하고 제대로 대우할 것을 강조하기도 했다. 유성룡은 영의정까지 올랐는데도 권력을 휘두르지 않고 가난을 택했다. 그리하여 벼슬에서 물러난 늘그막에는 죽도 간신히 먹을 만큼 가난한 삶을 살다 갔다. 훗날 성호 이익의 증언에 따르면 유성룡이 죽고 나서 자식들은 추위와 굶주림에 살아갈 수가 없을 정도였다고 한다.

그런 그가 젊은 시절부터 삶의 지향으로 삼은 말이 원지遠志다. 삼십 대 중반에 유성룡은 북쪽 숲속에 집을 짓고 '원지'라는 편액을 달았다. 원지는 본래 마음이 편치 않고 정신이 어지러울 때 심기를 편하게 해주는 약재를 뜻했다.

유성룡은 거기에 다음의 뜻을 덧붙였다.

원지는 본래 약 이름으로 소초小草라고도 부른다. 옛날 진나라 사람 환온桓溫이 사안謝安에게 물었다.
"원지와 소초는 같은 사물인데 왜 두 이름을 쓰는가?"
누군가 말했다.

"거처할 때는 원지이고, 세상에 나가서는 소초가 된다."

사안은 부끄러운 기색을 띠었다.

내가 산에 살 때 본디 원지가 없었지만 세상에 나아가 소초가 된 것은 당연한 일이었다. 이것이 서로 비슷한 점이다. 또 의술에서는 원지로써 오로지 마음을 다스려 정신의 혼탁함과 번민을 풀어 준다. 내가 여러 해 전부터 마음이 맑지 못함을 걱정하여 매양 약을 쓸 때마다 원지를 사용했으니 그 공을 감히 잊을 수 없어서다. 유추해서 그 뜻을 넓혀 보면 마음을 다스린다는 말은 우리 선비들도 늘 하는 말이다. 이 두 가지 뜻만 하더라도 집 이름으로 삼을 만하다. 정자 뒤 서산에 마침 원지가 자라나 매일 산에 비가 내리면 푸른빛을 머금고 빼어난 품이 정자의 그윽한 정취를 더욱 돋우었다. 드디어 정자를 원지라 했으니 그 사실을 취한 것이다.

아, 먼 것은 가까운 것이 쌓인 것이고 뜻은 마음이 향해 간 것이다. 위아래 사방과 고금에 이르기까지의 우주는 참으로 멀다. 내 마음이 멂을 얻었고, 이를 얻은 까닭에 즐겨 구경하는 것이다. 즐겨 구경함으로써 즐거워하는 바가 있고, 즐거워함으로써 잊는 바가 있다. 잊는다는 것은 무엇인가? 집의 작음을 잊는 것이다. 도연명의 시에 "마음이 머니 사는 곳이 절로 한가롭다 心遠地自偏"라고 했다. 이 사람이 아니었다면 내 누구와 더불어 취향을 같이하겠는가? 이로써 기記를 짓는다.

151

'먼 것은 가까운 것이 쌓인 것이다遠者近之積也'는 말은 『중용』에 나오는 "군자의 도는 비유하자면 먼 곳을 가려면 반드시 가까운 곳부터 해야 하며 높은 곳에 오르려면 반드시 낮은 곳부터 해야 하는 것과 같다君子之道 辟如行遠必自邇 辟如登高必自卑"는 말에 근원을 둔다. 멀고 높은 이상, 원대한 꿈은 당장에 이루어지는 것이 아니다. 차근차근 단계를 밟고 한 발자국씩 내딛다 보면 단계가 쌓이고 발자국이 모여 먼 곳에 이르게 된다.

멀리 있는 것은 붙잡기 어렵고, 붙잡기 어려운 것은 아름다워 보인다. 눈앞의 것은 평범하고 보잘것없어 보인다. 그래서 사람들은 가까이 있는 것은 거들떠보지 않고 멀리 있는 것만을 좇는다. 그러나 먼 것도 사실은 가까운 것이 쌓인 것이다. 먼 곳에 뜻을 두되 가까운 이곳에 충실하다 보면 언젠가는 먼 곳에 이르게 된다.

유성룡이 뜻을 두고 향해 간 '먼 것'은 '곧고 맑은 삶'이었고, 그 진심은 청백리라는 칭호를 얻은 그의 삶이 증명했다. 유성룡이 죽자 선조는 사흘간 조회를 멈추고 승지를 보내 조문했다.

/ / / / / / / /

먼 것은 가까운 것이 쌓인 것이다.
遠者近之積也.

유성룡(柳成龍), 『서애집(西厓集)』 「원지정사기(遠志精舍記)」

오로지 집중해야
성취에 이른다

자신의 분야에서 전문가가 되고 싶은 이는 많지만,
실제로 전문가가 되는 사람은 적다. 꿈을 꾸는 이는 많지만 꿈을
성취한 사람은 많지 않다. 원하는 것을 이루려면 무엇이 필요할까?
연암燕巖 박지원朴趾源(1737~1805)은 아무리 작은 기술이라도 잊어
야만 이룰 수 있다고 말한다.

박지원은 조선 후기 이용후생利用厚生을 대표하는 실학자이자
우리가 자랑하는 최고의 문장가이다. 그가 쓴『열하일기熱河日記』
는 세계 최고의 여행기이자 최고의 문학 사상서로 평가받고 있다.
연암은 마음에 드는 문장을 완성하기 위해 몇 번이고 고쳐쓰기를
마다하지 않았다. 아들 박종채가 아버지의 평소 삶을 기록한『과정
록過庭錄』에 따르면, 아버지 연암은 길을 걷다가 무언가에 몰두하
면 문득 모든 것을 잊은 듯 멍하니 있었다고 한다.

어느 날 도은桃隱이란 자가 이덕무의 글을 붓으로 예쁘게 베껴 작은 책자로 만들어 연암을 찾아와 머리말을 써달라고 부탁했다. 이덕무는 연암의 제자다. 연암이 도은을 위해 써준 머리말의 첫 구절은 '아무리 하찮은 기술이라도 잊은 뒤에야 이룰 수 있다'였다. '잊는다'는 것은 무슨 뜻일까? 모든 잡념을 잊고 오로지 한곳에만 몰두하는 것을 말한다.

연암은 다음과 같은 일화를 들려준다.

조선 중기에 이징李澄이라는 화가가 있었다. 그는 어린 시절에 그림 공부를 할 때면 다락방에 올라가 홀로 몇 시간씩 연습했다. 한번은 그림에 몰두하느라 먹고 자는 것조차 잊어버렸다. 자식이 다락방에 있을 것이라고는 생각지도 못한 부모는 행방불명된 자식을 찾느라 온 동네와 산을 뒤졌다. 사흘을 찾아 헤매다가 다락방에서 그림에 열중하고 있는 이징을 발견했다. 아버지는 화가 잔뜩 나서 자식의 볼기짝을 힘껏 때렸다. 이징은 아파 울면서도 그 와중에 떨어지는 눈물을 찍어 새를 그렸다고 한다. 이징은 훗날 허균으로부터 '조선 최고의 화가'라는 추앙을 받았다. 산수화와 인물화는 물론 묵죽墨竹, 화훼 등 동양화의 주요 소재가 되는 모든 분야에 두루 뛰어나 17세기 최고의 화가로 추앙받았다. 당시 사람들은 이징의 그림을 구하려고 안달이 나서 그가 그린 작은 조각이라도 얻으면 보물을 얻은 것처럼 귀하게 여겼다. 좋아하는 일을 위해 먹고 자는 일조차 잊고 몰두함으로써 이징은 큰 성취에 이를 수 있었다.

학산수鶴山守라는 조선 중기 명창名唱도 있다. 그는 젊은 시절에는 이른바 가수 지망생이었다. 학산수는 노래 실력을 쌓기 위해 날마다 산에 들어가 노래 연습을 했다. 그는 노래 한 곡이 끝나면 자신의 신발에 모래 한 알을 집어넣었다. 한 곡이 끝날 때마다 신발에 모래 넣기를 수백수천 번, 신발에 모래가 가득 차야 집으로 돌아왔다. 매일 피나는 연습을 한 끝에 그는 마침내 그 시대 최고의 가수가 되었다.

학산수는 어느 날 길에서 도둑 떼를 만났다. 도둑들이 그를 죽이려고 할 때 학산수는 노래 한 곡만 부르게 해달라고 요청했다. 학산수가 노래를 부르기 시작하자 도둑들은 감동해 눈물을 흘리며 그를 놓아주었다. 삶과 죽음의 경계를 잊고 노래에 몰두하자 도둑의 마음마저 움직였던 것이다.

좋은 것일수록 쉽게 얻어지지 않는다. 성취하고 싶다면 나머지를 포기할 수 있어야 한다. 그렇지만 사람의 마음은 꼭 붙들어 두기가 어렵다. 아무리 굳은 결심도 작심삼일作心三日이 되어 금세 흐지부지된다. 조금이라도 붙들어 두지 않으면 밖으로 치달리고 옆으로 흩어진다. 이현일李玄逸은 『갈암집葛庵集』에서 다음과 같이 말한다.

마음을 잡아 두려면 어찌해야 하나?
공경스럽게 지켜 잃지 말아야 한다.

어찌하면 지극함에 이를 수 있나?

하나에 집중하여 흔들림이 없어야 한다.

操之如何? 敬而毋失. 曷致其工? 主一無適.

오직 하나에 집중하여 이리저리 옮기지 않는 것, 이를 일러 주일무적主一無適이라고 한다. 마음을 엉뚱한 곳에 쏟지 않고 오로지 하나에 모든 정신을 쏟는 것이다. 온갖 근심과 잡념을 싹 잊고 오로지 집중하자. 잊은 다음에야 성취에 이른다.

/ / / / / / /

하찮은 기술이라도 잊은 뒤에야 이룰 수 있다.

雖小技, 有所忘, 然後能成.

박지원(朴趾源), 『연암집(燕巖集)』「형언도필첩서(炯言桃筆帖序)」

높은 사람 되기는 쉬워도
좋은 사람 되기는 어렵다

세상의 모든 어머니는 자식이 잘되기를 바란다. 자식이 높은 지위에 올라 입신양명하기를 바라는 것은 보통 어머니들이 바라는 한결같은 소망이다. 그런데 도암陶菴 이재李縡 (1680~1746)의 어머니는 자식을 남들과 다르게 가르쳤다.

이재는 조선 숙종과 영조 시대를 거쳐 간 성리학자다. 어려서부터 문장으로 이름이 높았으며 덕망이 높아 사람들이 우러러 따랐다. 성품이 강직하여 『노산군일기』를 『단종대왕실록』으로 고치도록 임금을 설득한 일화가 있다.

이재는 다섯 살 때 아버지를 여의고 홀어머니 손에서 자랐는데, 그의 어머니는 인현왕후의 언니인 여흥 민씨(1656~1728)였다. 민씨는 한 집안의 가장이자 며느리의 역할을 다하며 한편으로는 늦둥이 아들을 홀로 뒷바라지해야 했다.

조선조 사대부 집안에서는 열녀 풍습에 따라 남편이 죽으면 가문의 명예를 높이기 위해 아내가 따라 죽는 풍조가 있었다. 집안사람들도 혹여나 민씨가 남편을 따라 목숨을 끊을까 걱정했다. 그러나 그녀는 자식을 올바로 기르는 것도 중요한 부모의 책임이라 여기고 자식 교육에 온 힘을 쏟았다. 낮에는 목화를 다듬고 밤에는 아들 옆에서 길쌈과 바느질을 하면서 독서를 열심히 하도록 북돋웠다. 어머니의 오롯한 헌신 덕에 이재는 스물셋에 알성문과에 합격했다. 민씨는 기뻐 눈물을 흘리면서 당부했다.

　　"네가 귀하게 된 것이 기쁘지 않을 수 없구나. 그러나 높은 사람 되기는 쉬워도 좋은 사람 되기는 어렵다. 나는 이것을 깊이 근심한단다."

　　민씨도 여느 어머니처럼 아들이 높은 자리에 오르게 된 것이 무척 기뻤다. 하지만 민씨는 자식이 '높은 사람'보다는 '좋은 사람'이 되기를 소망했다. 혹시나 교만해져서 남을 업신여기지 않기를 바랐다. 그리하여 높은 벼슬에 오르는 일보다 따뜻하고 선한 성품을 갖추는 일이 더 중요하다는 가르침을 들려주었다.

　　민씨는 평소 '분分'이라는 한 글자를 좋아하여 "사람은 각자 그 본분을 염두에 두고 지나치거나 넘치는 일이 없어야 그 행실이 올바르게 된다"고 당부하곤 했다.

　　중년에 중풍을 앓자 동생인 인현왕후가 어의를 보내 진찰케 했으나 "이는 내 분수에 지나치다"라고 하며 돌려보냈다. 또 사람들이 패물 등의 귀중품을 가져오면 서민의 집에 합당하지 않다며 돌려보냈다. 민씨는 아들인 이재가 벼슬에서 물러나자 함께 여주에서 살다가 일흔셋의 나이에 세상을 떠났다.

비단 이재의 예뿐이겠는가? 훌륭한 인물의 행적 뒤에는 묵묵히 자신을 희생하면서 자식을 훌륭하게 키운 '어머니'라는 이름이 있다.

//////

높은 사람 되기는 쉬워도 좋은 사람 되기는 어렵다.
爲貴人易, 爲好人難.

이재(李縡), 『도암집(陶菴集)』「선비묘지(先妣墓誌)」

선하게 살기 위해
최대한 힘을 기울여라

　　아무리 선한 마음을 품고 살더라도 때로는 욕심에 이
끌리기도 하고 양심을 저버리는 행동을 할 때도 있다. 도움이 절실
한 사람을 외면하기도 하고, 욕망에 이끌려 옳지 못한 행위를 하기
도 한다. '남들도 다 그러는데', '살다 보면 그럴 수도 있지' 하며 불
편한 마음을 애써 합리화한다. 그런데 선을 행하려고 온 힘을 기울
인 이가 있으니 번암樊巖 채제공蔡濟恭(1720~1799)이다.

　채제공은 영조 대부터 정조 대에 이르기까지 큰 업적을 남기며
영의정까지 올랐던 명재상이다. 남인南人의 학맥을 계승하며 18세
기 문단의 최고 자리를 차지했다. 목숨을 다해 사도세자를 보호하
려 했으며, 이단을 배격하면서도 강제로 탄압하기보다는 교화하고
자 했다.

　채제공이 한양의 보은동報恩洞에 살 때 부친이 병이 깊어져 죽

음을 맞이하게 되었다. 임종하기 직전 부친은 채제공의 손을 꼭 쥐고는 "모든 일에 선을 다하라"라는 말을 남겼다. 채제공은 아버지의 유언을 가훈으로 삼아 집의 이름을 매선당이라고 지었다. 그리고 아버지의 간곡한 당부를 삶의 지표로 삼아 날마다 마음을 가다듬었다.

그 사연을 들은 다산 정약용은 「매선당기」에서 그를 위해 다음과 같이 조언해 주었다.

가령 어떤 사람이 아홉 가지 일은 모두 악한데 한 가지 일이 우연히 착하다면 그는 선한 사람일 수 없습니다. 또 아홉 가지 일은 모두 착한데 한 가지 일이 우연히 악하다고 해도 착하지 않은 사람이 됩니다. 어떤 항아리가 전체는 모두 깨지고 그 입구만 온전해도 깨진 항아리가 되며, 전체는 완전한데 오직 구멍 하나가 뚫렸어도 깨진 항아리가 되는 것이라 하겠습니다. 곧 사람이 매사에 선을 다하지 못한다면 끝내 착하지 않은 사람이 됨을 면치 못하게 될 것이니, 사람이 선을 이루기 어려움이 이와 같습니다. 선하지 않다는 것을 알면서도 그 일을 하는 자는 스스로를 포기하는 자입니다. … 『중용』에 '선을 택해 굳게 지키라' 했고, 또 '선에 밝지 않으면 몸에 성실하지 못하다'고 했습니다. 참으로 매사에 선을 다하고자 한다면 선에 밝아서 선을 선택해야 하니, 이렇게 하면 선을 지켜 나갈 수 있습니다.

말짱한 항아리에 작은 구멍 하나만 뚫려도 깨진 항아리가 되듯, 한 가지라도 선하지 않은 일을 하면 선한 사람이라 하기 어렵다. 그러므로 무엇이 선인지 잘 알고 선택해서 항상 선을 지켜 가라는 당부다.

수많은 철학자와 위대한 성현들이 선을 정의하며 선을 행하라고 가르쳤다. 맹자는 남을 불쌍히 여기는 측은지심惻隱之心과 남의 고통과 상처를 차마 외면하지 않는 불인지심不忍之心이 착함이라고 말한다. 공자는 선한 사람은 자신의 이익보다 도리를 따르고 악한 사람은 도리보다 자신의 이익을 따른다고 했다. 선이 무엇인지에 대해서는 다양한 논의가 있지만, 남을 먼저 생각하는 이타심과 타인의 어려움을 외면하지 않고 도우려는 마음이 선의 속성임은 알 수 있다.

완벽한 인간은 없고 누구나 간혹 잘못을 저지르기에 모든 일에 선하라는 말은 실현 불가능한 요구처럼 들린다. 또 선은 가까이 하고 악은 멀리해야 한다는 것은 알지만, 선을 실천하는 일은 쉽지 않다. 선하게 살면 손해 본다는 인식도 상당하다. 그럼에도 선을 행하기 위해 더욱 힘써야 하는 까닭은 선하게 사는 것이야말로 인간다움을 드러내는 가장 본질적인 가치이기 때문이다. 공자는 선이란 이룬 결과가 아니라 동기와 과정이라고 했다. 선을 행하다가 낙심되기도 하고 선을 행한다고 해서 반드시 좋은 결과를 얻는 것은 아니지만, 선하게 살고자 하는 마음이 모여 더 나은 세상을 만들어 간다.

영국의 종교 개혁가인 존 웨슬리는 말한다.

"가능한 모든 수단을 다해, 가능한 모든 방법을 다해, 가능한 모든 곳을 다 찾아 가능한 모든 사람에게 할 수 있는 순간까지 당신이 할 수 있는 모든 선을 행하라."

/ / / / / / /

모든 일에 선을 다하라.
每事盡善.

채제공(蔡濟恭), 『번암집(樊巖集)』「매선당기(每善堂記)」

사사로운 감정에서 벗어나
부끄러움 없이 살라

가끔 잠자리에 누워 하루 일을 떠올리다가 문득 부끄러움이 밀려와 이불을 뒤집어쓸 때가 있다. '왜 나는 그런 말을 했을까?' '왜 나는 그때 그런 행동을 했을까?' 그리고 다음에는 그러지 말아야지 하고 다짐한다. 자신의 삶에 부끄럽지 않고자 애썼던 인물이 있으니 바로 규암圭菴 송인수宋麟壽(1499~1547)다.

송인수는 조선 전기의 성리학자. 성품이 곧고 순박해서 바른 말 하기를 두려워하지 않았다. 중종이 승하하고 인종이 즉위한 이튿날, 문정왕후의 동생인 윤원형尹元衡이 공조 참판이 되었다. 일종의 낙하산 승진이었다. 옳지 못하다고 생각한 송인수는 한 달이 넘도록 그를 탄핵했다. 화가 미칠까 봐 걱정한 주위 사람들이 뜯어말려도 뜻을 굽히지 않았다. 평소 송인수가 존경하며 따랐던 매부 성제원까지 나섰다. 성제원이 그와 함께 밤을 새며 탄핵을 그만둘 것을 권유했지만, 송인수는 잠든 척하며 응답하지 않았다. 결국 윤원형은 그의 탄핵으로 파직되었다.

그는 명나라에서 빙옥氷玉이라는 이름을 얻기도 했다. 마흔여섯 살 때 동지사가 되어 명나라에 사신으로 가게 되었다. 명나라에 간 사신들이 물건을 사느라고 북적이는데 그의 숙소만 사람 소리조차 들리지 않을 정도로 고요하기만 했다. 명나라 사람들이 그의 청렴함을 보고 '한 조각의 얼음과 옥'이라고 칭찬했다.

인종이 죽고 명종이 즉위하자 을사사화乙巳士禍가 일어났다. 호시탐탐 송인수를 해치려던 자들은 그에게서 허물을 찾지 못하자 경박한 영수領袖라고 지목하여 관직을 빼앗았다. 그는 조용히 고향인 청주로 내려가 살았다.

몇 해 뒤인 1547년 9월, 윤원형이 양재역 벽서 사건으로 그를 모함해 사약의 명이 떨어졌다. 공교롭게도 그날은 그의 생일이었고 일가친척과 제자들이 많이 와 있었다. 모두가 울부짖는 가운데 송인수는 깨끗이 목욕하고 의관을 잘 갖춰 입었다. 종이와 붓을 갖추게 한 뒤 먼저 친구에게 글을 썼다.

"천지신명은 참으로 내 마음을 알아줄 것이다."

이어 아들에게 당부의 글을 썼다.

"내가 화를 입었다고 해서 기죽지 말고 책을 부지런히 읽고 술과 여색을 멀리하라. 장례는 검소하게 하고 예에 어긋나지 않도록 하라. 부끄러움을 지고 살기보다 부끄러움 없이 죽는 것이 낫다."

송인수는 전혀 두려워하는 기색이 없이 태연하게 죽음을 받아들였다. 그의 나이 마흔아홉이었다. 그날 밤 흰 기운이 집을 뚫고 하늘에 뻗치며 여러 날 동안 흩어지지 않았다고 한다.

그가 자식에게 마지막으로 준 유언은 부끄러움 없이 살아가라는 당부였다. 비록 억울한 죽음을 맞이했지만 부끄러움 없이 살았으니 후회하지 않겠노라는 자신에 대한 위로도 있었으리라. 그는 마지막까지 자신에게 떳떳함으로써 자식에게 부끄럽지 않은 아버지로 남고 싶은 소망을 보여주었다.

인간이 짐승과 다른 점은 수오지심羞惡之心에 있다고 믿는다. 잎새에 이는 바람에도 부끄러워한 윤동주 시인은 "죽는 날까지 하늘을 우러러 한 점 부끄러움이 없기를" 소망했다. 그 순결한 양심은 조국의 독립을 위해 저항하다 마침내 부끄럽지 않은 옥중 순국에 이르렀다. 송인수와 윤동주는 각기 다른 상황에서 죽음을 맞았지만 하늘을 우러러 부끄럽지 않은 삶을 살고자 했던 순수한 지향이 닮은 데가 있다.

〃〃〃〃〃〃

부끄러움을 지고 살기보다 부끄러움 없이 죽는 것이 낫다.
與其負愧而生, 不如無愧而死.

송인수(宋麟壽), 『규암집(圭菴集)』 「계자응경(戒子應慶)」

산처럼 우뚝하고 못처럼 깊으면
봄날의 꽃처럼 환희 빛나리라

강자에게 쉽게 몸을 굽히고 이익 앞에 쉽게 타협하는 세태를 볼 때면 강직하고 기개가 넘치는 사람이 그리워지곤 한다. 남명南冥 조식曺植(1501~1572)이 그러한 인물이다.

남명 조식은 퇴계 이황과 더불어 영남 지역에서 성리학의 양대 산맥을 이룬 대학자다. 지금은 퇴계의 이름이 더 널리 알려져 있지만, 그 시대에 학자적 명성이나 영향력에 있어서 남명은 결코 퇴계에 뒤지지 않았다. 퇴계가 온유하고 겸손한 학자라면 남명은 강력하고 뚝심 있는 학자였다.

조식은 벼슬길을 과감히 포기하고 평생토록 재야에서 학문에 힘을 쏟았다. 조정에서 그의 재능을 아까워해 계속 불렀지만 그때마다 사양하고 초야에 묻혀 살았다. 공경할 경敬과 의로울 의義를 삶의 지침으로 삼아 항상 칼과 방울을 허리에 차고 다녔다. 칼에는

"안에서 밝히는 것은 경이고 밖에서 결단하는 것은 의다"라는 구절을 새겨 놓았다. 방울은 성성자惺惺子라고 불렸는데 조금만 방울이 울려도 스스로를 경계하고 꾸짖어서 두려워하는 마음을 갖기 위해서였다.

남명은 배운 것을 반드시 실천하는 행동가였다. '배운 것을 실천하지 않으면 아니 배움만 못하고 오히려 죄악이다'는 것이 남명의 소신이었다. 1555년 단성 현감을 제수 받았지만 이를 단칼에 거절하고 죽음을 각오한 유서를 작성한 뒤에 임금께 사직 상소문을 올렸다. 이것이 그 유명한 '을묘사직소乙卯辭職疏'다. 수렴청정을 하고 있던 막후 실력자 문정왕후를 궁중의 과부, 그 아들 명종은 고사孤嗣, 곧 대를 잇는 자식에 불과하다고 비판했다. 부패한 나라에서 벼슬을 할 수는 없으며 임금이 백성의 소리에는 관심 없이 엄마 말만 듣는 마마보이라는 뜻을 담은 것이었다. 퇴계 이황으로부터 뜻은 곧으나 말이 너무 거칠다는 평가를 받을 만큼 직설적인 발언이었다. 조정은 발칵 뒤집혔다. 그러나 말은 과격할지언정 그 충정을 높이 산 신하들은 적극적으로 그를 변호했다.

조식은 자신의 목숨을 내걸고서라도 타락한 권력을 꾸짖었으며 불의에 절대 타협하지 않았다. 임진왜란이 일어났을 때는 그의 문하에서 곽재우, 정인홍 등 의병장을 배출했다. 성호 이익은 그러한 남명에 대해 조선에서 기개와 절개가 가장 높은 위치를 차지하는 사람이라고 평가했다. 조식은 61세 되던 해, 지리산 덕천동에 들어가 산천재山川齋를 짓고 그 방에 다음과 같은 좌우명을 내걸었다.

항상 미덥고 삼가며 사악함을 물리치고 참됨을 보존하리.
산처럼 우뚝하고 못처럼 깊으면 봄날의 꽃처럼 환히 빛나리라.
庸信庸謹, 閑邪存誠. 岳立淵沖, 燁燁春榮.

산처럼 높고 못처럼 깊은 인품과 학문을 갖겠다는 뜻을 담은 것이다. 가족들이 굶기를 밥 먹듯 했음에도 그는 권력의 길을 거절하고 끝까지 처사處士의 길을 걸어갔다. 죽음 앞에서 제자들에게 자신을 처사로 일컬을 것을 유언하며 "만약 벼슬을 쓴다면 나를 버리는 것이다"라고 당부했다. 그가 죽고 나서 임금은 지조가 곧은 선비라는 뜻을 담아 문정文貞이라는 시호를 내렸으며 광해군 때는 영의정에 추증되었다.

＼＼＼＼＼＼＼

산처럼 우뚝하고 못처럼 깊으면 봄날의 꽃처럼 환히 빛나리라.
岳立淵沖, 燁燁春榮.

조식(曺植),『남명집(南冥集)』「좌우명(座右銘)」

169

5장

침묵만이 영혼을
맑고 고요한 세계로 이끈다

진정한 행복은
그뿐이면 되는 삶에 있다

정신분석학자인 자크 라캉은 '인간은 타인의 욕망을 욕망한다'고 했다. 현대인의 욕망은 자기 내부로부터 나오는 진짜 욕망이 아니라 남의 욕망을 자신의 욕망인 것처럼 좇는 결핍의 욕망이라는 것이다. 우리는 어려서부터 남 보기 부끄럽지 않게 살라는 말을 들으며 자랐다. 끊임없이 남의 시선을 의식하며 남이 칭찬하는 것, 남이 좋아하는 것을 좇으며 살았다. 부모가 원하는 욕망, 미디어가 부추기는 욕망을 나의 행복인 양 살아온 것은 아닌지 자신에게 묻지 않을 수 없다. 진정 행복해지고 싶다면 나의 욕망은 어떠한 것인지, 욕망의 방향성을 고민해 보아야 할 것이다. 조선 후기의 시인인 이이엄而已广 장혼張混(1759~1828)은 적게 욕망하고도 행복할 수 있는 비결을 알았던 사람이다.

장혼은 중인 출신이다. 중인은 신분의 차별을 받아 아무리 능력이 뛰어나도 벼슬에 오르기가 쉽지 않았다. 게다가 장혼의 집은 가난했다. 남의 집에서 가정교사 노릇도 하고 허드렛일도 하면서 근근이 생계를 꾸려 갔다. 그러다가 서른두 살에 규장각의 사준司準으로 취직했다. 사준은 책을 만드는 중에 교정보는 일을 하는 말단 직책이었다.

장혼은 평생 동안 전문 편집자의 길을 걸었다. 교정보는 솜씨가 뛰어나 상급자의 인정을 받은 것은 물론이고 이름이 온 나라에 퍼졌다. 궁궐뿐 아니라 민간에서도 그에게 교정을 부탁했다. 책 한 권을 만들면 품계를 올릴 수 있었으나 번번이 사양했다.

"봉급은 부모님을 모시기 위해 받겠지만 승진은 제가 욕심내는 것이 아닙니다."

이 말을 전해 들은 정조는 그를 기특하게 여겨 봉급을 더 올려주었다.

당시에 중인들은 인왕산 부근에 모여 살았다. 장혼 역시 인왕산 근처에서 학자들과 어울리며 시를 짓는 모임을 주도적으로 이끌었다. 그곳에서 살 만한 집터를 구하던 중 옥류동 골목의 끝자락에서 버려진 낡은 집을 발견했다. 집터가 약 3백 평 정도 되었는데 장혼은 그 집을 구입해서 새롭게 꾸밀 계획을 세웠다. 그는 크고 화려한 집을 원하지 않았다. 기와도 얹지 않고 색칠도 하지 않은 평범하고 소박한 집이면 만족했다.

혼자 있을 때는 낡은 거문고를 어루만지고 옛 책을 펼쳐 보며 한 가롭게 드러누우면 그뿐이다. 잡생각이 떠오르면 집 밖을 나가 산길을 걸으면 그뿐이고 손님이 찾아오면 술상을 차려 시를 읊으면 그뿐이다. 흥이 오르면 휘파람을 불며 노래를 부르면 그뿐이다. 배가 고프면 내 밥을 먹으면 그뿐이고 목이 마르면 내 우물의 물을 먹으면 그뿐이다. 춥거나 더우면 내 옷을 입으면 그뿐이고 해가 저물면 내 집에서 쉬면 그뿐이다. 비 내리는 아침, 눈 오는 한낮, 저물녘의 노을, 새벽의 달빛은 그윽한 삶의 신비로운 운치이므로 다른 사람들에게 말해 주기 어렵다. 말해 준다 해도 이해하지 못할 것이다. 날마다 스스로 즐기다가 자손에게 물려주는 것, 그것이 내 평생의 소망이다. 이와 같이 살다가 마치면 그뿐이리라.

장혼의 호인 이이엄은 '그뿐이면 족한 집'이란 뜻이다. 당나라 시인 한유의 '허물어진 집, 세 칸이면 그뿐破屋三間而已'이라는 구절에서 가져왔다. 어떤 형편이든지 긍정하며 사는 삶을 자족自足이라고 한다. 장혼은 자족하며 살다가 생을 마치면 그뿐, 더 이상의 욕심은 없었다. 단출한 집에서 자연과 노닐고 글 읽으며 살다가 자손에게 물려주는 것이 장혼의 평생 소망이었다. 훗날 장혼은 이이엄이라는 집을 지었다. 그때의 심정을 그는 다음과 같이 읊었다.

아내는 담 모퉁이서 절구질하고
나무 아래 아이는 책을 읽는다
사는 곳 못 찾을까 걱정 말게나
여기가 바로 내 집이라네.

일흔의 나이로 세상을 떠나기 이전 해에 그는 다음과 같은 말을
남겼다.

굶주림과 배부름, 추위와 더위, 죽음과 삶, 재앙과 복은 운명을
따르면 그뿐이다.
其飢飽寒煖死生禍福, 聽之命而已.

대부분의 사람들이 내가 가진 것을 다 누리지도 못하면서 남의
것만 욕망하며 살다 간다. '그뿐而已'이면 되는 삶인데 우리는 너
무 욕심내며 살고 있는 것은 아닐까?

/ / / / / / /

배고프면 밥을 먹으면 그뿐이고
목마르면 물을 마시면 그뿐이다.
飢則飯吾飯而已, 渴則飲吾井而已.

장혼(張混), 『이이엄집(而已广集)』 「평생지(平生志)」

뜻과 행동은 위와 비교하고
분수와 복은 아래와 견주어라

오리梧里 이원익李元翼(1547~1634)은 선조, 광해군, 인조 3대에 걸쳐 다섯 차례나 영의정을 역임한 조선 중기의 문신이다. 이원익은 40여 년간 공직 생활을 하면서 높고 굵직한 자리도 두루 거치고 수많은 풍상을 겪었다. 마음만 먹으면 언제든 부와 권력을 누릴 수 있었다. 하지만 그는 평생토록 자발적인 가난을 택했다. 두 칸짜리 집에 살았으며 매일 끼니를 걱정할 정도였다고 한다.

오리 정승의 늘그막에, 인조 임금이 승지를 보내 그를 문안하게 한 뒤 사는 집이 어떠한지를 물었다. 승지는 "두 칸 초가가 겨우 무릎을 들일 정도인데 허술하여 비바람을 막지 못합니다"라고 아뢰었다. 안타까운 마음에 인조가 다섯 칸짜리 집을 하사했는데 이원익은 몇 차례에 걸쳐 사양하다가 마지못해 들어가 살았다고 한다. 그 집이 현재 경기도 광명시에 있는 관감당觀感堂이다. 백성이 그의 삶을 보고 느끼라는 뜻으로 인조가 지어 준 이름이다.

사람들은 그런 이원익에 대해 '속일 수 있기는 하지만 차마 속일 수 없는' 사람이라 불렀다. 오리 정승은 키가 작고 볼품이 없었다고 하니 얼핏 속이기 쉬울 것처럼 보였던 모양이다. 그러나 이원익을 속이기에는 그 인품이 지극히 높고 맑았다.

오리 정승은 평소 자식들에게 다음의 좌우명을 강조했다고 한다.

남에게 원망함이 없고 자신에게 잘못이 없도록 하라.
뜻과 행동은 위와 비교하고 분수와 복은 아래와 견주어라.
無怨於人, 無惡於己. 志行上方, 分福下比.

조선 후기의 학자인 청성靑城 성대중成大中(1732~1809)은 『청성잡기靑城雜記』에서 뒤의 여덟 한자를 언급하며 북송 사람인 장괴애張乖崖가 말한 '공로는 높여서 오르고 관직은 낮추어서 보라'는 구절보다 더 깊고 원대하다고 추켜세우기도 했다. 현재 오리 이원익의 후손들은 이 열여섯 글자를 가훈으로 이어 오고 있다.

이 좌우명에는 이원익의 삶이 오롯이 녹아 있다. 남을 탓하거나 남의 흠을 들추지 말고 늘 자신을 돌아보고 잘못이 없도록 노력하며, 삶의 지향은 더욱 높은 데 두고 처지와 형편은 더욱 낮은 데 서라는 뜻이다. 행복과 불행을 결정짓는 것은 소유의 크기가 아니라 그 크기를 남의 것과 비교하는 태도에 있다. 누구와 비교하느냐,

무엇과 견주느냐에 따라 내 삶의 만족도가 달라진다.

나의 꿈과 행동은 나보다 나은 가치를 가지고 실천하는 이와 비교한다. 사람은 자기 생각의 크기만큼 세상을 이해한다. 좁쌀 정도의 식견을 가진 사람은 좁쌀의 크기로 세계를 들여다보고 태산의 뜻을 가진 사람은 태산의 크기로 세상을 이해한다. 나보다 더 훌륭한 삶을 실천하는 이를 멘토로 삼으면 내 성품도 날마다 성장할 것이다. 반면 내가 누리는 것들은 낮고 작은 것과 견준다. 열등감에 젖어 자기 비하를 하는 것은 내 존재가 본래 낮아서가 아니다. 끊임없이 더 크고 좋은 것을 바라는 욕망이 있기 때문이다. 분에 넘치는 욕망은 불행의 씨앗이 된다.

내가 어떠한 형편에 있든지 만족하고 즐거워할 수 있는 것, 이를 일러 자족이라고 한다. '조건'이 채워져야 주어지는 것이 '만족'이라면 '자족'은 환경에 구애받지 않고 스스로가 긍정하는 것이다. 자족할 수 있다면 내가 가진 모든 것이 행복의 원천이 된다.

/ / / / / / / /

남에게 원망함이 없고 자신에게 잘못이 없도록 하라.
뜻과 행동은 위와 비교하고 분수와 복은 아래와 견주어라.
無怨於人, 無惡於己. 志行上方, 分福下比.

이원익(李元翼), 『오리집(梧里集)』, 「행장(行狀)」

뜻을 굽히지 말고
이름을 구하지 말라

견물생심見物生心이라는 말이 있다. 탐나는 물건을 보면 갖고 싶은 욕심이 생기는 것이 인지상정이다. 평소에 바른 사람도 유혹의 상황에 직면하면 이를 뿌리치기가 어렵다. 외부 상황에 흔들리지 않고 곧게 살기란 생각만큼 쉬운 일이 아니다.

동악東岳 이안눌李安訥(1571~1637)은 조선 중기의 유명한 시인이다. 열여덟 살에 진사시에 수석 합격했으나 동료들의 모함을 받아 과거의 뜻을 접고 문학 공부에 힘을 쏟았다. 권필, 윤근수, 이호민 등과 '동악시단東岳詩壇'을 결성하여 활발한 창작 활동을 펼쳐 나갔다. 독서를 할 때는 책 한 권당 반드시 천 번을 넘게 읽었으며 두보杜甫의 시는 1만 번 이상을 읽었다고 한다. 스물아홉 살에 다시 과거 시험에 응시하여 문과에 급제한 이래 여러 관직을 거쳤다.

이안눌이 서른두 살 되던 겨울에 함경도 단천端川의 군수로 부임하게 되었다. 단천은 진주가 많이 나고 말 목장이 있었던 데다가 조선 최고의 은 생산지였다. 임진왜란 이후 법망이 느슨해지자 유혹에 빠진 관리들이 이권에 개입해 큰돈을 챙겼고 피해는 고스란히 백성들에게 돌아갔다. 이에 이안눌은 다음의 명을 지어 자신을 경계했다.

> 예전 오은지가 광주지사로 부임했다. 광주에는 탐천貪泉이 있었는데, 이 샘물을 마시고서 시를 지었다. "옛 사람이 이 물에 대해 말하길 / 한 번 마시면 천금 생각한다 했지. / 시험 삼아 백이 · 숙제에게 마시게 한다면 / 끝까지 마음 변치 않으리." 광주의 샘물은 사람이 마시면 탐욕이 생긴다. 하물며 단천 고을은 연못에서 구슬이 나고 산에는 옥이 나며, 말 목장이 앞에 있고 은광이 뒤에 있어 이곳의 수령이 된 자가 깨끗할 수 없음은 당연하다. 그래서 나는 오은지의 시에서 '불역심不易心' 세 글자를 뽑아 동헌의 편액에 달고 명을 지어 스스로 힘쓰고자 한다.
> 명에 말한다. "뜻을 굽히지 말고 이름을 구하지 말라. 갈고닦으면 정밀해지고 한결같은 마음이면 진실하게 된다. 물건을 가까이 않고 마음을 깨끗하게 하리라."

탐천은 한 모금만 마셔도 끝없는 탐욕이 생긴다는 신비의 샘물이다. 관리들이 광주로 부임하기만 하면 이 물을 마시고 나서 탐관

오리가 되었다고 한다. 하지만 청렴한 선비였던 오은지는 광주지사로 부임하고 나서 이 샘물을 마신 후에 시를 지어 결코 정직한 마음을 바꾸지 않겠다고 굳게 다짐했다. 그리하여 광주를 다스리는 동안 탐욕과 부패를 확실하게 없앴다. 이안눌은 오은지의 시 가운데 마음을 바꾸지 않는다는 뜻의 '불역심' 세 글자를 집의 당호로 삼아 자신을 경계했다.

그리하여 이안눌은 정직한 감독관을 임명하여 장부를 정리하게 하고, 은을 만들거나 무게를 재는 과정을 보려고 하지 않았다. 직접 보면 욕심이 생기기 때문이었다. 그는 자신이 우두머리이므로 마음만 먹으면 얼마든지 나쁜 짓을 저지를 수 있다는 것을 잘 알았다. 뜻을 굽히지 않기 위해 물건을 가까이 않고 날마다 마음을 갈고닦았다. 마을 백성들은 이안눌이 떠나고 나서 비석에 글을 새겨 그의 인품을 칭송했다. 훗날 그의 나이 66세 되던 해, 나라에서는 그를 청백리로 뽑아 높은 벼슬을 내렸다. 하지만 그는 간곡히 사양했으며 굳이 벼슬을 내리자 곧바로 사직하였다.

『채근담菜根譚』에는 다음과 같은 구절이 있다. "뜻을 굽혀 남의 비위를 맞추는 것보다 행실을 곧게 하여 남의 시기를 받는 것이 낫다. 잘한 일도 없으면서 남의 칭찬을 받는 것보다 잘못한 일도 없이 남에게 비난받는 것이 낫다." 사람들은 남에게 인정받고 싶고 원만한 관계를 유지하고 싶은 마음에 불의에 눈감거나 옳지 못한 방법을 쓴다. 그러나 모든 사람에게 사랑받는 사람은 없다. 훌륭한 성현도 누군가에게는 반드시 미움을 받았으며 갖은 비난을 받았다. 오히려 옳은 길을 가는 사람일수록 시기와 미움을 받았다. 그러니 정말로 옳은 일이라면 비난이 두려워 뜻을 굽히기보다 곧게 나아가는 것이 낫다.

/ / / / / / / /

뜻을 굽히지 말고 이름을 구하지 말라.
毋矯情, 毋要名.

이안눌(李安訥), 『동악집(東岳集)』 「불역심당명(不易心堂銘)」

헤아리고 절충하여
세 번 생각하라

일상에서 성급하게 행동했다가 곧 후회를 하게 되는 일이 있다. 반면 너무 깊이 생각하다가 공연히 의심만 생겨 장고 끝에 악수惡手를 두는 일도 있다. 얼마쯤 헤아리는 것이 적당할까? 공자는 두 번 생각하면 좋다고 했다. 하지만 백운거사白雲居士 이규보李奎報(1168~1241)는 세 번이 좋다고 말한다.

이규보는 변변하지 못한 가난한 집안에서 태어나 고려 후기의 무신 정권에서 살다 간 인물이다. 그는 아홉 살 때 이미 시를 지었을 정도로 재능이 남달랐지만 과거 시험에 연거푸 떨어졌다. 스물두 살이던 어느 날 꿈을 꾸었는데 장원급제 할 것이라는 규성奎星 노인의 예언을 듣고 나서야 과거에 일등으로 급제했다. 그는 뛰어난 문장 실력을 발휘해 최충헌 부자의 눈에 들었고 이들의 총애를 받으며 본격적인 출세의 길을 걸었다. 하지만 그는 문인이었으며 유학자였다.

문인이지만 무신 정권에서 입신출세했다는 점은 그를 보는 상반된 시선을 불러왔다. 권력에 아부한 기회주의자라고 비판하는 이가 있는가 하면, 자신의 재능을 잘 발휘하여 새로운 문학의 길을 연 최고의 작가라는 시각도 있다. 그만큼 이규보는 처신하기 어려운 시대를 살았던 풍운아이자 문제적 인물이었다. 그는 옛글을 모방하는 용사用事를 추구한 사회에서 글 뜻을 새롭게 만들어 쓰자는 신의新意를 주장하기도 했다.

이규보는 시와 술과 거문고를 좋아했다. 술이 없으면 시를 짓지 못하겠노라는 고백을 하기도 했다. 규범에 얽매이지 않고 자유분방하게 행동했으며 즉흥시를 즐겨 썼다. 신중하기보다 기분에 따라 행동하는 면이 많았던 듯하다. 그 스스로 일을 허겁지겁 처리하고 나서 후회할 때가 많았다고 고백했다. 경솔하게 불쑥 말을 던지다 보니 오해가 생기고 곤욕을 치르는 일도 잦았다. 그리하여 「사잠思箴」에서 다음과 같은 글을 남겼다.

섣부르게 생각지 말라. 섣부르게 생각하면 그르치기 쉽다.
너무 깊이 생각지 말라. 너무 깊이 생각하면 의심만 많아진다.
헤아리고 절충하여 세 번 생각하는 것이 가장 적당하다.

思之勿遽, 遽則多違. 思之勿深, 深則多疑. 商酌折衷, 三思最宜.

섣부르게 생각하고 말하면 일을 그르치기 쉽다. 중요한 문제임에도 별 뜻 없이 가볍게 생각했다가 큰 곤욕을 치르거나 낭패를 당하는 일들이 일상에는 참 많다. 한 번 내뱉은 말은 도로 주워 담을 수가 없어서 후회해도 이미 때는 늦다. 했던 말을 다시 삼키면 식언食言이 될 뿐이다.

반대로 경솔함은 삼가야겠으나 너무 깊이 생각해도 곤란하다. 너무 신중하다 보면 없던 의심도 생기는 수가 있다. 생각은 생각을 낳고 그 생각에 빠져들어 의심으로 발전된다. 평범한 말과 행동이 의심으로 번져 잘못된 판단으로 나아간다. 또 상식적으로 판단해도 될 일을 너무 신중하게 질질 끌다가 좋은 시기를 놓치는 일도 종종 있다. 경솔함은 삼가되 너무 깊이 따지지는 말아야 한다. 생각은 신중하되 결단은 과감하게 하는 것이 좋다.

생각 없이 무조건 돌진하는 인간은 '돌다리도 두드려 보고 건너라'라는 속담을 염두에 두면 좋다. 반면 너무 우유부단한 인간이라면 '장고 끝에 악수 둔다'는 말을 기억해야 할 것이다. 고민은 충분히 하되 행동은 과감하게 해야 실수가 적고 후회도 적다.

/////////

세 번 생각하는 것이 가장 적당하다.
三思最宜.

이규보(李奎報), 『동국이상국집(東國李相國集)』「사잠(思箴)」

말을 많이 하지 말고
일은 많이 벌이지 말라

조선 시대 학자 허목許穆(1595~1682)은 말조심을 유
독 강조했다. 그는 이황과 정구鄭逑로 연결된 학맥을 이어받아 이
익과 정약용에게 깊은 영향을 준 남인계 학자다. 눈썹이 눈을 덮을
정도로 길어서 미수眉叟라는 호를 얻었다. 미수는 주자 성리학을
절대 진리로 떠받들던 시대에 원시 유학인 고학古學을 높였으며
도가와 불교에도 열린 태도를 보였다.

허목은 오리 이원익이 "뒷날 내 자리에 앉을 자는 반드시 미수"
라고 했을 정도로 촉망받는 학자였다. 하지만 삼십 대에 서인계의
한 학자를 비판한 일이 빌미가 되어 과거 응시 자격을 박탈당하고
말았다. 당시 권력은 서인계가 쥐고 있었다.

과거를 단념한 허목은 시골에 묻혀 살면서 학문에 전념하다가
늦깎이로 쉰다섯 살에 벼슬을 시작했다. 그의 나이 65세 때(1659

년), 이른바 기해예송己亥禮訟에서 서인계의 거목이었던 송시열과 예禮에 관한 격렬한 논쟁을 벌이면서 정치의 한복판에 섰다.

이후 그는 남인의 구심점이 되어 왕권 중심의 질서를 주장했다. 그러나 실권을 장악하고 있던 서인에 패배하여 삼척 부사로 좌천되었다. 하지만 그는 좌절하지 않고 삼척 백성들을 위해 목민관의 임무를 충실하게 수행했다. 삼척 지방에는 오늘날까지 미수에 관한 설화가 수십 편이나 전해 오는데 그 가운데 척주동해비 이야기가 유명하다.

허목이 삼척 부사를 맡고 있을 때 일이다. 삼척은 조수 간만의 차가 심해 해일이 삼척 읍내를 덮치고 여름에는 오십천이 범람해서 수많은 백성이 해마다 큰 재해를 당했다. 이를 안타깝게 여긴 허목이 '동해송'을 짓고 비문 222자를 써서 퇴조비退潮碑(조수를 물리친 비석이라는 뜻)를 세웠다. 그러자 조수가 잠잠해지고 이후 홍수가 한 번도 일어나지 않았다.

그런데 얼마 뒤 반대편 당파의 사람이 삼척 부사로 부임하여 허목이 세운 퇴조비를 깨뜨려 버렸다. 그러자 바닷물이 동헌 밑까지 밀려들었다. 백성의 원성이 자자해지자 관리 한 사람이 대청마루 밑에 묻어 두었던 또 하나의 비를 꺼내도록 귀띔했다. 허목이 비석의 분실을 예언하고 또 하나의 비를 써둔 것이다. 그 뒤 다시는 물난리가 일어나지 않았다고 한다.

또 다른 일화도 있다. 우암 송시열이 원인 모를 병에 걸려 목숨이 위태롭게 되었다. 이런저런 처방을 해보아도 차도가 없자 송시열은 아들을 불러 허목에게 증세를 설명하고 약을 처방받아 오도록 했다. 허목은 의학에 조예가 깊었다. 하지만 두 사람은 당대 최고의 정적政敵 관계였다. 아들이 그럴 수 없노라고 거절하자 송시열이 단호하게 말했다. "미수의 처방으로 내가 죽더라도 내 명이 다한 것이니 어서 가거라."

송시열의 아들이 찾아오자 허목은 비상(극약) 처방을 내려주었다. 송시열은 그의 처방을 그대로 따랐고 병이 깨끗하게 나았다. 평생 소신에 충실하고 거짓 없는 삶을 살았던 허목이었기에 적수조차 그를 굳게 믿은 것이다. 극약 처방을 그대로 믿은 송시열의 도량이나 송시열을 믿게 만든 허목의 정직함은 적대 관계를 뛰어넘는 신뢰의 아름다움을 잘 보여준다.

미수 허목이 평소 가장 아끼고 경계 삼았던 구절은 이른바 금으로 만든 인형의 등에 쓰여 있었다는 구절이다.

말을 많이 하지 말고 일은 많이 벌이지 말라.
말이 많으면 실패가 많고 일이 많으면 해로움이 많다.
毋多言, 毋多事. 多言多敗, 多事多害.

허목은 이 구절을 항상 암송하며 자신을 단속했다. 또 다음과 같이 「십팔훈十八訓」에서 자손을 훈계했다.

말을 많이 하는 것을 반드시 피하고,

화를 잘 내는 것을 반드시 경계하라.

말은 반드시 진실하고 미덥게 하고,

행실은 반드시 독실하고 경건하게 하라.

多言必避, 多怒必戒. 言必忠信, 行必篤敬.

말 때문에 고난을 받고 말 덕분에 정치의 중심에 서기도 했기에, 미수 허목은 누구보다 말의 무게와 위험성을 잘 알았다. 그리하여 평생 말을 많이 하는 것을 삼가고 말을 할 때는 진실한 마음으로 사람을 대했다.

혀는 세 치에 불과하지만 어떤 무기보다 날카롭고 위험하다. 상대방에게 씻을 수 없는 상처를 주기도 하고 한마디 잘못된 말로 평생 쌓은 덕을 무너뜨리기도 한다. 인생사 대부분의 오해와 갈등은 생각 없이 던진 사소한 말 한마디에서 시작된다. 말이 많으면 실패도 많다. 말은 아낄수록 좋다.

〃〃〃〃〃〃

말을 많이 하지 말고 일은 많이 벌이지 말라.

毋多言, 毋多事.

허목(許穆), 『기언(記言)』 「기언서(記言序)」

침묵만이
영혼을 맑고 고요한 세계로 이끈다

　　때로 침묵은 백 마디 말보다 깊은 울림을 지닌다. 침
묵을 견뎌 냄으로써 말은 더욱 깊어진다.

　　계곡谿谷 장유張維(1587~1638)는 평생 침묵의 힘을 잘 알고 침묵
을 사랑한 이다. 장유는 조선 중기 문신이자 한문학漢文學 사대가
四大家 중 한 사람이다. 스물셋에 문과에 합격하여 본격적인 관직
생활을 시작했다. 스물여섯 살에는 김직재金直哉의 무옥誣獄 사건
에 연루되어 관직에서 쫓겨났으나 서른일곱 살에 인조반정에 가담
하여　그 공으로 주요 보직을 두루 역임했다. 병자호란 때는 최명
길과 함께 청과의 화친을 주도했다.

　　장유는 오로지 주자학만을 떠받드는 당시의 학문 풍토를 비판
하며 불교와 양명학도 적극적으로 받아들여 다양한 학문이 공존해
야 학문이 참된 열매를 맺을 수 있다고 역설했다. 대명 의리를 국

가 대의로 떠받드는 현실에서 청과의 화해를 주장하는 그의 발언은 위태로운 것이었다. 또 주자학 이외의 학문은 이단시되는 사회에서 다른 학문에도 진리가 있다고 주장하면 사문난적斯文亂賊으로 몰릴 수도 있었다. 더구나 관직에 들어서자마자 화를 당하지 않았던가?

장유는 말의 무게에 대해 많은 생각을 했다. 할 말은 해야 하지만 필요 이상의 말은 오해를 낳고 분란을 키울 뿐이라 생각했다. 그는 집을 새로이 짓고 당호를 묵소默所라 했다. 자신을 '묵소거사'라 불렀다. 묵소는 침묵하는 곳이란 뜻이다. 말이 많은 시대에 침묵으로써 자신을 지켜 가리라 다짐했다. 첫 문집의 제목도 '묵소고갑默所稿甲'이라 지었다. 「묵소잠默所箴」뿐만 아니라 「묵소명默所銘」도 지었다. 다음은 「묵소명」 중 일부다.

온갖 미묘한 문으로 침묵만 한 것이 없다
교묘한 자는 말이 많고 투박한 이는 침묵한다
조급한 자는 말이 많고 안정된 이는 침묵한다
말하는 사람은 수고롭고 침묵하는 이는 편안하다
말하는 사람은 낭비하나 침묵하는 이는 아낀다
말하는 자는 다투지만 침묵하는 이는 휴식한다
도는 침묵으로 이루어지고 덕은 침묵으로 길러진다
정신은 침묵으로 안정되고 기운은 침묵으로 쌓인다

말은 침묵으로 깊어지며 사려는 침묵으로 얻는다.

衆妙門 無如默, 巧者語 拙者默, 躁者語 靜者默, 語者勞 默者佚,

語者費 默者嗇, 語者爭 默者息, 道以默而凝 德以默而蓄,

神以默而定 氣以默而積, 言以默而深 慮以默而得.

삼함三緘이라는 말이 있다. 입을 세 번 꿰맨다는 뜻인데 입을 다물고 말을 삼가는 것을 말한다. 공자가 주나라 후직后稷의 사당에 들어갔다. 사당의 오른쪽 섬돌에 쇠로 만든 인형이 있었는데 인형의 입이 세 번 꿰매져 있었다. 살펴보니 그 등에 이런 글이 새겨져 있었다.

옛날에 말을 조심한 사람이다.

경계하여 많은 말을 하지 말라.

말이 많으면 실패 또한 많다.

古之愼言人也. 戒之哉, 無多言. 多言, 多敗.

세 번이나 입을 꿰맨 것은 말조심하기가 그만큼 어려움을 나타낸 것이다. 율곡 이이가 말하길, "마음이 안정된 사람은 말이 적다. 마음을 안정시키는 말은 과언寡言에서 출발한다. 때가 된 뒤에 말을 하면 말이 간략하지 않을 수 없다"라고 했다.

말을 많이 하다 보면 실언失言을 하기 쉽다. 한 번 뱉은 말은 주워 담을 수도 없다. 시조에서는 "말하기 좋다 하고 남의 말을 하는 것이, 남의 말 내 하면 남도 내 말 하는 것이, 말로써 말이 많으니 말 말을까 하노라"라고 했다. 침묵은 단순히 말을 하지 않는 것이 아니라 외부의 방해에 구속받지 않고 고요함 가운데 자신을 성찰하는 것이다. 그러하기에 침묵은 덕을 기르고 기운을 안정시킨다. 장유는 침묵할 때 영혼을 맑고 고요한 세계로 이끌 수 있음을 깨달 았다.

말이 소음이 될 때는 침묵이 금이다. 비위 맞추는 말, 공교로운 말을 믿지 말고 침묵에 담긴 진심을 들여다보라.

／／／／／／／／

말은 침묵을 통해 깊어진다.
言以默而深.

장유(張維), 『계곡집(谿谷集)』 「묵소명(默所銘)」

편안하여 방심하기보다는
위험하여 자신을 지키는 것이 낫다

옛날에 부유한 사람들은 질 좋은 가죽신을 신고 다녔지만 일반 서민과 가난한 선비들은 나막신을 신고 다녔다. 나막신은 비 오는 날 신을 수 있도록 굽을 높게 만든 신발이다. 대개 소나무와 오리나무를 파서 신과 굽을 통째로 만든다. 나막신은 굽이 높으므로 비가 올 때는 제격이지만 무거운 탓에 먼 길을 가거나 맑은 날에는 적합하지 않다. 햇볕이 쨍쨍 내리쬐는 날에 나막신을 신으면 딸깍딸깍 소리가 난다고 해서 가난한 선비들을 딸깍발이라고 부르기도 했다. 봉서鳳棲 유신환俞莘煥(1801~1859)은 이러한 나막신에 각별한 사연을 담았다.

유신환은 조선 후기 오희상吳熙常의 학통을 이어 많은 제자를 길러 냈다. 시무時務에도 밝아 적서 차별의 개혁을 주장하기도 했다. 높은 지위에 오르지는 못했지만 고을 현감이 되어 선정을 펼쳤다. 하지만 그에게 원한이 있던 사람의 모함에 빠져 2년 동안 억울한 귀양살이를 했다. 이후로 그는 벼슬길에 대한 미련을 접고 제자를 양성하는 일에 여생을 보냈다. 그런 그가 하루는 자식에게 나막신을 사주었다. 그리고 옆에 다음과 같은 문구를 써 주었다.

가죽신을 신으면 편안하고, 나막신을 신으면 위험하다.
편안하여 방심하기보다는 위험하여 자신을 지키는 것이 낫다.

기록에 의하면 유신환은 딸만 있고 아들이 없었다고 하니 어린 딸에게 준 문구일 것이다. 가죽신은 부드러워서 신고 다니기 편안하다. 반면 나막신은 굽이 높은데다가 딱딱하다. 어린아이가 신으면 살갗이 벗겨지고 넘어져 다칠 위험이 있다. 그럼에도 왜 그는 굳이 위험한 나막신을 사주었을까?

나막신은 신고 다니다가 중심을 잃고 쓰러지기 쉬우므로 넘어지지 않으려면 늘 조심조심 다녀야 한다. 반면 가죽신은 편안함만 믿고 함부로 뛰어놀다가 크게 넘어질 수 있다. 진짜 위험은 위험 그 자체에 있는 것이 아니라 위험함을 모르는 데 있다. 인생길에는 크고 작은 돌부리가 도처에 있어 잘 살피지 않으면 안 된다. 당장의 편안함에 방심하다가는 자칫 걸려 넘어질 수가 있다. 나막신에는 약간의 불편과 위험을 감수하더라도 자식이 신중하고 지혜롭게 크기를 바라는 아버지의 속정이 담겨 있었던 것이다.

조선 후기의 문신이었던 이서구李書九는 동료인 이만수李晩秀가 임금에게 나막신을 하사받은 것을 기념하여 목극명木屐銘을 써 주었다. 나막신은 굽이 높은 신발이므로 항상 조심하지 않으면 안 된다고 하며 "나무를 모으듯, 살얼음을 밟듯 조심조심 살아가라" 라고 당부했다. 상황은 다르지만 유신환의 마음과 하나로 통한다.

인간의 진실과 순수가 가장 잘 드러나는 때는 시련과 위기 앞에 섰을 때다. 그 고난을 어떻게 극복하느냐에 따라 인생은 깊어지기도 하고 좌절되기도 한다. 앞날이 어찌 될지 알 수 없지만 시련을 끌어안고 견디어 가는 가운데 인생은 더욱 깊고 풍부해진다. 도자기는 수천의 고온을 견딤으로써 질 좋은 물건으로 빚어진다. 강하고 날카로운 칼은 수많은 풀무질과 두드림을 견뎌 낸 결과다. 온실보다 야생에서 자란 화초가 더 강인하고 생명력이 질기다. 나막신에 새긴 당부에는 고달픈 인생살이를 통해 삶의 이치를 먼저 체험한 아버지의 깊은 뜻이 담겨 있었다.

////////

가죽신을 신으면 편안하고, 나막신을 신으면 위험하다.
편안하여 방심하기보다는 위험하여 자신을 지키는 것이 낫다.
著屨安, 著屐危. 與其安而放心也, 寧危而自持.

유신환(兪莘煥), 『봉서집(鳳棲集)』 「어린 자식의 나막신에 새긴 글(稺子屐銘)」

끝까지 올라간 용은
후회한다

개구리 올챙이 적 생각 못한다는 말이 있다. 성공해서 높은 자리에 오르면 어려웠던 시절을 까맣게 잊고 처음부터 잘난 듯이 행동한다. 주변 사람들이 시키는 대로 움직이니 세상이 자기 마음대로 되는 줄로만 안다. 받는 것만 익숙해지고 위선이 하늘을 찌른다. 주위 사람들은 하나둘 떠나고 종국에는 주변에 아무도 없다.

후회가 적으려면 어떻게 해야 할까? 조선 중기의 문신 선원仙源 김상용金尙容(1561~1637)은 항룡亢龍의 교훈을 이야기한다.

달은 가득 차면 이지러지고 그릇은 가득 차면 엎어진다. 끝까지 올라간 용은 후회하고 족함을 알면 욕되지 않으리라. 권세에 기대면 안 되고 욕심을 너무 부려서도 안 된다. 새벽부터 밤늦도록 두려워하기를 깊은 연못에 임한 듯이, 살얼음을 밟듯이 하라.

달은 둥글었다가 다시 기울기 시작하고 항아리는 물이 가득 차면 엎어지듯이, 끝까지 올라간 용은 후회한다.『주역』의「건괘乾卦」에는 네 종류의 용이 나온다. 첫째는 못에 잠겨 있는 잠룡潛龍으로, 작은 못에 잠겨 있으면서 덕을 쌓아 가는 단계다. 무명의 시기에는 고난을 잘 참으면서 때를 기다릴 줄 알아야 한다. 다음은 덕이 드러나는 현룡見龍으로, 세상에 이름이 드러나 명성이 알려지는 단계다. 이때는 언행을 조심하면서 덕을 베풀어야 한다. 셋째는 비상하는 비룡飛龍으로, 왕위에 올라 천하 사람들로부터 추앙을 받는 단계다. 인생의 황금기라고 할 수 있다. 마지막으로 끝까지 올라간 항룡亢龍이 있다. 명예와 권력이 하늘을 찌를 듯이 가장 높이 올라간 단계다.

공자는 항룡에 대해 "너무 높이 올라갔기 때문에 존귀하나 지위가 없고, 너무 높아 교만하여 민심을 잃으며, 남을 무시하므로 보필도 받을 수 없다. 이 때문에 움직이면 후회함이 있다"라고 말했다. 성대중은 '항亢'이란 나아갈 줄만 알고 물러날 줄 모르며, 보존할 줄만 알고 망할 줄 모르며, 얻을 줄만 알고 잃을 줄은 모르는 것을 의미한다고 했다. 항룡은 너무 높이 올라갔기 때문에 교만과 욕심이 하늘을 찌르고 더 이상 꼭대기가 없어 상대방을 존중할 줄 모르는 것이다.

동양에서는 9가 가장 큰 숫자이고 10은 새로운 시작의 수로 여긴다. 집을 지을 때 역시 99칸으로 지어 백 칸을 채우지 않는다. 모든 것은 극에 달하면 무너지고 이지러지기 마련이다. 하늘 높은 줄 모르고 날아오른 용은 후회의 눈물을 흘리게 되어 있다.

인간이 불행해지는 이유는 자신의 처지를 망각하고 더 높은 것만 욕망하는 데 있다. 자신의 분수를 잘 지켜 족함을 알 때 크게 욕되지 않고 위태롭지 않을 수 있다. 과욕을 멀리하고 현재를 긍정하며 정도를 걷는다면 실수가 적고 편안한 마음을 얻게 될 것이다.

선원 김상용은 병자호란 때 청과 화친하기를 끝까지 거부했던 절의의 상징 김상헌金尙憲(1570~1652)의 형이다. 어릴 때부터 성품이 온화하고 사람들과 허물없이 어울렸으며, 책 읽기를 좋아해 한 번 서재에 들어가면 해가 질 때까지 나오지 않았다고 한다. 그가 활동하던 때는 임진왜란과 병자호란을 겪으며 안팎으로 민생이 고달프고 변화하는 국제 질서에 잘 적응해야 했던 시절이었다.

선원은 선조 대부터 인조 대에 걸쳐 크고 작은 임무를 맡으면서 외교와 지방행정 등 다양한 분야에서 능력을 발휘하여 업무를 성공적으로 수행했다. 병자호란이 일어나자 종묘사직의 신주를 모시고 세자빈과 원손을 모시고 강화도로 피난했다가 다음 해에 강화성이 함락되자 도망가지 않고 성의 남문루南門樓에 있던 화약에 불을 붙인 뒤 그 위로 올라가 자결했다. 그의 나이 일흔일곱이었다.

선원은 선조 시절부터 광해군, 인조 대에 이르기까지 크고 작은 관직을 두루 역임했다. 정적에게 미움을 받아 좌천당하기도 하고 이조판서와 우의정, 영돈령부사 등을 역임하며 조정의 주요 요직을 맡기도 했다. 항룡의 교훈을 삶의 지침으로 삼은 선원의 좌우명은 다사다난한 정치 역정 속에서 터득한 생존의 지혜였다.

///////

달은 가득 차면 이지러지고 그릇은 가득 차면 엎어진다.
끝까지 올라간 용은 후회하고 족함을 알면 욕되지 않으리라.
月盈則缺, 器滿則覆. 亢龍有悔, 知足不辱.

김상용(金尙容), 『선원유고(仙源遺稿)』「좌우명(座右銘)」

6장

오래 힘쓰며 그치지 않으면

반드시 성취에 이른다

배가 뜨고 꼭지가 떨어지는 데는
스스로 때가 있다

오랫동안 바라던 일이 계획대로 풀리지 않으면 지치
고 실의에 빠지는 때가 있다. 의욕적으로 도전한 일이 여러 차례
실패하면 열정은 줄어들고 의욕도 차츰 줄어든다. 그러나 목표한
일을 성취했느냐 아니냐는 순전히 나의 실력과 재능만의 문제는
아닐 것이다. 중요한 것은 꺾이지 않는 마음, 끝까지 포기하지 않
는 태도다. 잘 인내하고 기다리다 보면 목표를 성취할 기회는 반드
시 찾아온다.

담인澹人 신좌모申佐模(1799~1877)는 19세기의 문신이다. 서른
즈음에 관직의 길로 나아가 이조판서에 이른 인물이다. 그에게는
서른 살 아래의 강문형姜文馨이라는 후배가 있었다. 강문형은 명문
가의 후예였다. 포부도 남달랐고 성실했기에 금방 이름을 떨칠 수
있을 것이라는 기대가 있었다. 그러나 그의 나이 마흔이 되어도 아

무런 성취가 없었다. 마흔한 살에야 비로소 과거에 급제하여 벼슬 길에 올랐다.

강문형의 능력과 그릇을 잘 알고 있던 신좌모는 그가 번번이 떨어지는 것을 이해할 수 없었다. 곁에서 지켜보면서 강문형이 탈락의 고배를 마실 때마다 의아해 하던 그는 강문형이 과거에 급제하자 비로소 크게 기뻐하며 편지를 보냈다.

마흔이 다 되도록 여전히 벼슬에 오르지 못해 마음으로 늘 이상하게 여기고 있었는데 마침내 공의公義가 행해져 높이 올랐구려.
배가 뜨고 꼭지가 떨어지는 데는 스스로 그 때가 있다네.

배가 뜨고 꼭지가 떨어진다는 뜻의 '선부체락船浮蒂落'은 유래가 있다. 앞의 '선부'는 '수도선부水到船浮'에서 나온 말로 '물이 차면 배가 뜬다'는 뜻이다. 물이 불어나면 큰 배는 저절로 떠오르듯이 모든 일에는 거기에 맞는 '때'가 있다. '체락'은 '과숙체락瓜熟蒂落', 즉 '오이가 익으면 꼭지가 떨어진다'는 말에서 나왔다. 이 말역시 오이가 익으면 꼭지가 저절로 떨어지듯이 조건이 성숙되면일은 자연히 이루어지게 된다는 뜻이다.

이와 비슷한 예로 중국의 태공망太公望이 있다. 태공망은 주나라 문왕의 참모로 주왕의 폭정에 시달리던 은나라를 멸망시키고중원을 통일하여 주나라를 세우는 데 크게 기여한 인물이다. 하지만 그가 재상으로 발탁된 것은 나이 칠십이 넘어서였다. 그때까지 그는 사십 년을 은거하며 숨어 지냈다. 그는 매일 낚시를 하면서 때를 기다렸다. 하지만 그의 낚시에는 낚싯바늘이 없었다. 그는 고기를 낚는 것이 아니라 때를 기다리며 세월을 낚고 있었던 것이다. 사람들은 그를 강태공이라고 불렀는데 낚시하는 사람을 흔히 강태공이라고 하는 까닭도 여기에서 유래한 것이다. 마침내 주나라 문왕을 만나 기회를 얻었고 폭군인 주왕을 쓰러뜨리는 데 큰 공을 세워 재상의 자리에 올랐다.

태공망은 다음과 같이 회고했다.

나는 많은 세월을 낚으며 늙어 갔지만 결코 포기하거나 하늘을 원망하지 않았다. 참고 기다린 결과 마침내 단 한 번의 기회를 잡아 천하를 얻었다.

바라던 결과가 당장 나타나지 않으면 마음은 초조해지고 혹여나 뜻대로 되지 않으면 어떡하나 걱정이 앞선다. 그러나 모든 일에는 순서가 있고 힘든 땀의 과정이 있다. 열매가 가장 맛있게 여무는 순간 꼭지는 저절로 떨어진다. 당장을 초조해 하기보다 차분하게 인내하며 훗날을 기약하면 좋은 때는 언젠가 찾아온다.

도광양회韜光養晦라는 말이 있다. 칼날의 빛을 칼집에 감추고 어둠 속에서 힘을 기른다는 뜻이다. 재능을 드러내지 않고 인내하며 기다리면 언젠가는 크게 쓰임을 받을 때가 온다. 그러니 꿈이 있다면 포기하지 말고 꾸준하게 두드려야 할 것이다. 강문형과 태공망의 늦은 성취는 그 점을 확인시켜준다.

//////

배가 뜨고 꼭지가 떨어지는 데는 스스로 그 때가 있다.
船浮蒂落, 自有其時.

신좌모(申佐模), 『담인집(澹人集)』「하강직부문형서(賀姜直赴文馨書)」

오래 힘쓰며 그치지 않으면
반드시 성취에 이른다

부모는 자식이 태어나면 가장 좋은 이름을 지어 주기 위해 고심한다. 자식이 훌륭한 사람으로 성장하기를 소망하며 부모의 바람을 담아 이름을 짓는다. 예전에는 자식이 태어나면 먼저 아명兒名을 지어 주었고, 어느 정도 자라면 본명本名을 지어 주었다. 성인이 되면 이름을 직접 부르는 것을 실례라고 생각해 이른바 별명이라 할 수 있는 자字와 호號를 지었다. 친구 사이에서는 주로 자를 불렀고 윗사람을 부를 때는 호를 사용했다. 자는 친구나 스승, 부모가 지어 주었고, 호는 주로 자신의 서재나 사는 곳의 이름을 따서 지었다.

이름을 지을 때는 자식에게 이름의 뜻을 설명해 주고 부모의 당부를 담아 글로 남겼다. 이를 명설名說이라 한다. 고려 말과 조선 초를 살다 간 하륜河崙(1347~1416)도 맏이가 어느 정도 자라자 좋은 이름을 주기 위해 고민했다. 그는 큰아들의 이름을 '오랠 구久'로 지었다. 그리고 다음의 당부를 담았다.

나무는 오래 자라면 반드시 바위 골짜기에 우뚝 서고 물은 오래 흐르면 반드시 바다에 이른다. 사람의 배움도 이와 같다. 오래 힘쓰며 그치지 않으면 반드시 성취에 이른다. 너의 이름을 오랠 구久로 짓는다. 너는 이름을 돌아보고 뜻을 생각하여 멋대로 행동하지 말거라. 놀지 말고 오늘 하나의 이치를 탐구하고 내일 하나의 이치를 배우거라. 오늘 한 가지 착한 일을 하고 내일 한 가지 착한 일을 하거라. 하루하루를 조심하며 쉬지 않고 노력하면 훌륭한 사람이 될 것이다. 그렇지 않으면 날마다 퇴보하여 반드시 소인이 될 것이다. 너는 공경할 것이며 너는 힘쓸지어다.

하륜은 아들에게 어떤 시련이나 고난이 오더라도 쉼 없이 노력하면 반드시 성취한다고 격려했다. 이름을 지어 준 뜻을 생각하여 멋대로 놀지 말고 하루하루 열심히 살라고 당부했다. 흥미롭게도 그는 계속해서 자식의 이름을 영永, 장長, 연延으로 지었다. 모두 '길다, 오래다'라는 뜻을 담은 글자다. 하륜은 혼란스런 시대를 살다 간 인물이다. 고려를 지키기 위해 조선의 건국을 반대했으나 나중에는 조선에 협조했다. 조선을 세운 개국 공신 정도전과 불편한 관계를 맺어 한직을 전전했지만 나중에는 태종 이방원을 적극 도와 좌의정의 자리까지 이른다. 그는 혼돈의 정국에서 여러 차례의 정치적 부침을 반복했다.

그런 와중에도 하륜은 자식들만큼은 학문에 오롯하게 매진하기를 바랐다. 자식들 이름에 모두 '길다'는 뜻을 붙여 준 것은 어려움이 닥쳤을 때 쉽게 좌절하지 않기를 바라는 마음에서였을 것이다. 하륜 자신이 여러 위기 상황을 잘 헤치고 나갔듯 자식들도 그러한 삶을 살기를 바랐다. 자식들 또한 아버지의 뜻을 가슴에 담아 힘든 일이 있을 때마다 이름을 돌아보고 마음을 다잡았을 것이다. 하지만 안타깝게도 하구는 아버지가 죽자 병이 깊어지는 바람에 부친상을 마치기도 전에 서른여덟의 나이로 짧은 생을 마감했다. 비록 아버지의 소망은 이루어지지 않았지만 그 마음만큼은 그의 삶에 깊이 뿌리내려 짧은 생애 동안 성취에 이르고자 힘을 쏟았을 것이다.

/ / / / / / / /

오래 힘쓰며 그치지 않으면 반드시 성취에 이른다.
久而不已, 則必至于有成.

하륜(河崙), 『호정집(浩亭集)』「명자설(名字說)」

일찍 햇볕이 든 곳은
그늘도 먼저 든다

인생에는 시련의 과정이 반드시 있다. 한고비를 넘겼는가 싶으면 또 다른 고비가 찾아오기도 한다. 시련의 파도에 맞닥뜨리면 뜻을 접고 멀리 도망치고 싶다. 누군들 눈앞의 시련을 피하고 싶지 않을까?

하지만 고난을 어떻게 받아들이느냐에 따라 역경은 삶의 금자탑을 세우는 자양분이 되기도 한다. 장장 18년이라는 긴 귀양살이 가운데서 오히려 불후의 업적을 쌓아 최고의 경세가經世家가 된 인물이 있으니 그가 다산茶山 정약용丁若鏞(1762~1836)이다.

다산 정약용은 실학을 집대성한 큰 학자다. 젊은 시절부터 총명한 재주를 보였으며 '우주 안의 일들을 모두 해결하고 정리하고 싶다'는 꿈을 키워 나갔다. 과거에 급제하고 나서는 뛰어난 재능을 발휘해 정조의 총애를 받았으며, 정조를 가까이서 도우며 각종 경세 정책을 실천했다. 항상 백성들의 입장에 서서 위정자의 잘못과 현실의 모순을 날카롭게 비판했다. 정조가 수원 화성을 만들고자 했을 때 실무 책임자가 되어 수원 화성을 설계하였으며 거중기擧重器와 유형거游衡車를 발명했다. 그러나 단단한 버팀목이었던 정조가 돌연 세상을 떠나면서 가시밭길이 시작되었다. 1801년 신유사옥辛酉邪獄이 일어나 전국의 천주교 신자와 남인에 대한 대대적인 탄압이 시작되었다. 다산이 이십 대 시절에 심취했던 천주교가 그의 발목을 잡았다. 다산의 집안은 풍비박산이 났다. 셋째 형인 정약종은 참수형을 당했고, 둘째 형인 정약전은 흑산도로 귀양을 갔다. 막내인 다산도 강진으로 귀양을 갔다. 1801년 2월 27일, 다산은 18년에 걸친 유배길에 올랐다. 한 개인에게는 기나긴 고통이겠으나 문학사에는 축복이 시작되는 순간이었다.

다산은 열다섯 살에 풍산 홍씨와 결혼했다. 6남 3녀를 낳았으나 대부분 어린 나이에 천연두로 잃고 2남 1녀만 남았다. 다산이 귀양 갈 때 큰아들 학연學淵은 열아홉 살이었고 작은 아들인 학유學游는 열여섯 살이었다. 다산은 한창 배움에 힘써야 할 자식들과 아내를 남겨둔 채 망망한 귀양길을 떠났다. 한창 배움에 힘써야 할 자식을 내버려 둔 채 망망한 길을 떠나야 하는 아버지의 마음은 참담했다. 게다가 그의 집안은 모두 폐족廢族이 되었다. 아무도 자식들을 돌보아 줄 수 없었다.

귀양지인 강진에 도착한 다산은 자식들에게 편지를 쓰기 시작했다. 멀리 떨어져 있는 아버지가 해줄 수 있는 것이라곤 오직 자식이 좌절해서 엇나가지 않도록 단단하게 일러주는 일밖에 없었다. 다산은 두 아들에게 폐족임을 반복해서 상기시켰다. "이제 너희는 폐족이다. 폐족으로서 잘 처신하는 방법은 오직 독서뿐이다." 폐족은 망한 가문이란 뜻이다. 망한 가문을 일으켜 세우는 막중한 임무가 두 아들에게 있음을, 그 길은 오직 공부하는 길밖에 없음을 말해 주고 싶었다.

1808년 둘째 아들인 학유가 아버지를 떠나보낸 지 8년 만에 처음으로 아버지를 만나러 왔다. 청소년기에 마흔 살의 아버지를 떠나보냈다가 스물세 살이 된 아들이 어엿한 어른이 되어 아버지를 찾아온 것이다. 다산은 감격스러우면서도 미안했을 것이다. 큰 재앙 속에서도 잘 성장해 주어 뿌듯하고 자식에게 고생만 시키는 것 같아 미안했을 것이다. 이때의 다산은 "눈언저리는 내 아들 같기도 하나 수염은 딴 사람 같구나. 집 편지를 지니고 왔으나 오히려 확실히 믿기지를 않는다"라고 감회에 젖었다. 이후 학유는 2년 동안 아버지 곁에서 배우면서 아버지의 저술 작업을 도왔다.

시나브로 2년이 훌쩍 지나 학유가 한양으로 돌아가게 되었다. 다산은 돌아가는 자식에게 마땅히 챙겨 줄 것이 없었다. 귀양살이도 어언 10여 년, 언제 풀려날지 모르는 막막한 상황이었다. 자신과 가족의 미래는 여전히 암울하고 자식들은 계속 폐족이라는 멸시를 견디며 살아갈 것이다. 고난에 처한 아버지가 자식에게 해줄 수 있는 것은 무엇일까?

정약용은 아들에게 노자 대신 가훈을 담은 편지를 꼭 쥐여 주었다. 편지에서 다산은 아들에게 당장에 일이 뜻대로 풀리지 않는다고 쉽게 안색을 바꾸지 말라고 당부했다. 그러면서 다음과 같은 가르침을 이어 갔다.

아침에 햇볕이 먼저 든 곳은 저녁에 그늘이 먼저 들며 일찍 핀 꽃은 먼저 시든다는 점을 알아야 한다. 운명의 수레바퀴는 돌고 돌아 잠시도 멈추지 않는다. 뜻을 품고 세상을 사는 사람은 잠시 재난을 당했다고 청운의 뜻을 꺾어서는 안 된다. 사나이의 가슴속에는 항상 가을 매가 하늘로 치솟는 기상을 지녀야 한다.

일찍 피는 꽃은 빨리 시들 듯이 사람도 너무 빨리 성취하면 금세 허물어지기 쉽다. 그러니 큰 뜻을 품고 사는 사람은 당장 고난이 있다고 해서 금세 뜻을 꺾어서는 안 된다. 멀리 내다보고 긴 호흡으로 가야 한다. 남아는 모름지기 하늘을 나는 매와 같이 장쾌한 기상을 품고 살아야 한다. 안목을 키우고 생각의 지평을 넓히면 태산 같던 상황도 작아 보이고 큰 산과 같던 문젯거리가 한갓 동산을 넘는 일과 같이 될 것이라는 격려였다. 다산은 자식에게 현실의 고난 앞에서 기죽지 말고 멀리 내다보고 꿈을 키우며 살 것을 당부했다. 어떤 어려움 앞에서도 좌절하지 말고 앞날을 기대하면서 청운의 뜻을 잃지 말라고 격려했다. 높은 기상과 넓은 마음으로 세상을 품고 살아갈 것을 기대했다. 그러면 언젠가는 불행의 수레바퀴는 지나가고 반드시 청운의 꿈을 펼칠 날이 있으리라는 희망의 메시지를 담았다. 그것은 다산 자신이 이십 대 시절에 온 우주를 품으며 살고자 했던 포부를 자식에게 다시 전하는 가르침이었다.

시련은 인생을 돌아보게 하고 인간을 더욱 성장시키는 보약과도 같다. 견디기 힘든 시련과 고난의 과정을 거쳐 인간은 더욱 단단해지고 타인의 고통에 공감하는 능력을 갖추게 된다. 18년 간의 귀양살이가 없었다면 백성의 고통을 진정으로 가슴 아파한 큰 학자 다산은 없었을 것이다. 고난 앞에서 체념하지 않고 이를 성장의 발판으로 삼는 자만이 인생의 주인이 될 수 있다.

∕∕∕∕∕∕∕∕

잠시 재난을 당했다고 청운의 뜻을 꺾어서는 안 된다.
不宜以一時菑害, 遂沮靑雲之志.

정약용(丁若鏞), 『여유당전서(與猶堂全書)』
「학유에게 노자 삼아 준 집안 교훈(贐學游家誡)」

성급히 가면
제대로 이루지 못한다

'엽등躐等'이라는 말이 있다. 순서대로 단계를 밟지 않고 등급을 건너뛰어 올라간다는 뜻이다. 계단은 본래 하나하나씩 밟고 올라가라고 만든 것이다. 그런데 나보다 앞서가는 사람을 보면 한 번에 여러 계단을 건너뛰고 싶은 조급함을 느낀다. 끊임없이 경쟁해야 하고 남과의 비교를 강요받는 세상에서 묵묵히 한 계단씩 밟아 가는 사람은 바보 취급을 받기 일쑤다. 여기서 김귀영의 말에 귀를 기울여 보자.

동원東園 김귀영金貴榮(1520~1593)은 조선 중기에 정치와 학문에서 뛰어난 자취를 남긴 사람이다. 성품이 맑고 온화했으며 일을 공평하게 처리했다. 평소 남의 흠잡는 일은 하지 않았으며 가난한 사람들을 돕는 일에 앞장섰다고 한다. 김귀영이 관직에 있을 때 대제학을 뽑는 일에 참여하게 되었다. 대제학은 한 나라의 문장을 총

괄하는 문형文衡의 지위로, 문인에게는 최고의 영예인 자리였다.

후보로 서른 살의 한음 이덕형이 추천되었다. 오늘날 '오성과 한음'으로 유명한 한음 이덕형은 당시에도 신망이 두터운 인물이었다. 사람들은 모두 그의 이름 밑에 찬성의 표시로 동그라미 점, 곧 '권점'을 찍었다. 결과가 나왔는데 뜻밖에도 부결이었다. 만장일치로 뽑는 자리였는데 한 사람이 권점을 찍지 않은 것이다. 참여한 사람들은 모두 놀라며 의아해했다.

그때 김귀영이 천천히 걸어 나와 침착하게 말했다.

제가 권점을 찍지 않았습니다. 이덕형은 나이도 너무 어리고 벼슬도 낮습니다. 공들보다 먼저 문형을 맡는 것은 시기상조라 생각합니다. 재능과 인격이 성숙해지길 기다려도 늦지 않습니다.

이 소식을 들은 이덕형은 기쁜 마음으로 승복했고, 사람들은 두 사람 모두 아름답다고 칭찬했다. 얼마 후 이덕형은 유성룡의 추천을 받아 서른한 살의 나이로 대제학이 되었다. 조선 역사상 최연소 문형이었다. '때'에 맞아야 한다고 생각한 김귀영이나 기다릴 줄 안 이덕형 모두 사리에 맞게 행동했고 좋은 결과를 냈다.

중종의 기묘사화 때 귀양을 간 기준은 귀양지에서 계단을 보고 다음과 같은 글을 썼다.

지위가 높아도 나아감에는 단계가 있다.

넘어지지 않도록 삼가며 단계를 뛰어넘지 말라.

차근차근 올라가며 넘어질까 두려워하라.

기준은 대단히 총명하고 똑똑한 인물이었다. 열일곱 살 때 당시 권력의 일인자였던 조광조와 인연을 맺어 학문적, 정치적 동반자가 되었다. 스물두 살 때 과거에 급제하고 조광조와 가까웠던 덕분에 승승장구하며 젊은 나이에 정4품까지 오르는 초고속 승진을 했다. 그러나 조광조가 역적으로 몰리자, 그와 친하다는 이유로 영문도 모른 채 감옥에 갇힌 후 귀양을 갔고 서른 살에 독약을 받아 죽임을 당했다. 귀양지에서 그는 계단을 보며 단계를 건너뛰다가 넘어진 자신을 자책했을 것이다.

얼핏 엽등이 대단해 보이고 부러울지 모르지만 껑충껑충 뛰다 보면 다치기 쉽고 놓치는 것이 생긴다. 바탕을 단단하게 다져야 무너지지 않는다. 인생에는 언젠가 좋은 기회가 찾아온다. 그때가 언제인지는 아무도 모르지만 기회가 찾아왔을 때 이를 놓치지 않으려면 그 자리에 맞는 충분한 실력과 바탕을 쌓아야 한다. 차근차근 단계를 밟아 가며 능력을 키워 간다면 좋은 기회는 꼭 온다. 때가 올 때까지 바탕을 단단하게 다지고 인품을 길러 갈 뿐이다.

공자는 말한다.

성급히 가려 하지 말고 조그만 이익을 보지 말아야 한다.

성급히 하면 제대로 이루지 못하고

조그만 이익을 보면 큰일을 이루지 못한다.

無欲速, 無見小利. 欲速, 則不達, 見小利, 則大事不成.

인생에서 중요한 것은 얼마나 빨리 가느냐에 있는 것이 아니라
얼마나 올바른 방향으로 멀리 가느냐에 있다. 성취한 사람들의 뒤
편에는 한 발 한 발 단계를 밟으며 올라간 땀의 과정이 있다. 차근
차근 단계를 밟아 가다 보면 어느 순간 멀리 나아가 있을 것이다.

/ / / / / / / /

재능과 인격이 성숙해지기를 기다려도 늦지 않다.
待才德老成, 未晚也.

김귀영(金貴榮), 『동원집(東園集)』 「행장(行狀)」

시도하지 않으면
아무런 일도 일어나지 않는다

힘써 노력해도 안 될 것 같은 일이 있다. 노력해도 이루지 못할 일이라면 처음부터 포기하는 것이 낫지 않을까? 어디까지가 내가 책임져야 할 몫이고 무엇이 내 능력 밖의 일일까? 이것에 대해 성호星湖 이익李瀷(1681~1763)은 능력과 운명의 차이라고 말한다.

성호 이익은 조선 후기 새로운 사상적 흐름인 실학의 토대를 만들었으며 그 사상적 깊이가 퍽 깊고 넓어 하나의 학파를 이룬 인물이다. 하지만 성호가 처음부터 큰 업적과 성취를 이룬 것은 아니었다. 성호는 어려서부터 몸이 허약했으며 순탄하지 못한 환경에서 자랐다. 성호의 아버지는 성호가 태어난 바로 다음 해에 귀양지에서 세상을 떠났으며 둘째 형도 역적으로 몰려 감옥에서 죽었다. 어머니마저 돌아가시자 조상으로부터 물려받은 재산을 종가에 돌려

주었다. 일흔이 넘어서는 벼슬하던 아들을 먼저 떠나보내고 반신
불수가 되는 고통을 겪어야 했다.

그러나 성호는 자신에게 닥친 가혹한 환경을 깨달음의 계기로
삼아 현실과 동떨어진 학문과 지식을 위한 지식을 반대하고 실질
적인 학문을 중시하였다. 약자와 백성의 편에서 양반도 벼슬이 없
으면 농사를 지어야 하며 노비 신분을 점차 해방해야 한다고 주장
했다.

특히 성호는 배움에는 의문을 품는 것이 중요하다고 생각했다.
의문을 일으키지 않으면 앎이 알찬 것이 될 수 없다고 했다. 옛 지
식에 대해 아무런 의문도 없다면 남이 웃는 대로 따라 웃기만 할
뿐 자기 생각은 없는 것과 마찬가지라 생각했다. 대충 얼버무리고
넘어가서는 안 되며 모르고 지내는 것보다 따져서라도 밝히는 것
이 옳다고 보았다. 평소에도 모르는 것은 반드시 물어보고 끝까지
캐내려 했으며, 그러한 새로운 탐구 정신은 훗날 실학 정신으로 이
어졌다.

이익은 항상 기록하는 습관을 갖고 있었다. 그는 질서疾書를 실
천했다. 질서란 빨리 적는다는 뜻으로, 좋은 아이디어가 떠오를 때
마다 바로 기록하는 것이다. 송나라 학자인 장재張載는 책상, 식탁
등 집 안 곳곳에 붓과 벼루를 놓아두고 생각이 떠오를 때마다 곁에
있는 붓으로 기록했다고 한다. 심지어는 자리에 누웠다가도 좋은
글감이 떠오르면 벌떡 일어나 기록했다고 한다.

성호 역시 길을 가다가 혹은 글을 읽다가 새로운 깨달음을 얻으면 곧바로 기록했다. 경전과 역사서를 읽다가도 새로운 생각을 얻으면 바로 기록하여 정리했다. 제자들을 가르치다가도 좋은 생각이 떠오르면 적었고 서양 학문을 읽다가, 중국의 서적을 읽다가, 지인들과 대화를 나누다가도 인상 깊은 구절을 만나면 기록했다. 그가 쓴 『성호사설』은 오랫동안 꾸준하게 적어둔 기록을 정리한 결과물이다.

『중용질서中庸疾書』 머리말에서 성호는 다음과 같이 말한다.

천 리 길은 하루아침에 요행으로 가는 것이 아니고, 차츰차츰 나아가서 도달하는 것이다. 만일 길이 멀다고 해서 처음부터 포기한다면 끝내 도달할 수 없다. 그래서 『시경』에 "높은 산을 쳐다보며 큰길을 걸어간다"라고 했는데 공자는 이 시에 대해 "이 시를 쓴 사람이 인仁을 지향하는 정신이 이렇게 철저했다. 도를 지향하여 가다가 도중에 그만두는 경우가 있는데, 자기가 늙은 것도 잊어버리고 자기의 나이가 도에 이르기에 부족하다는 것도 몰라야 한다"고 논평했다.

세상에는 참으로 노력하여 올라가도 미치지 못하는 자가 있다. 그러나 나는 노력하지도 않으면서 능히 미치는 자를 보지 못했다. 그러므로 행하느냐 행하지 못하느냐 하는 것은 능력이고, 끝까지 도달하느냐 못하느냐 하는 것은 운명이다. 운명에 대해서야 내가 어떻게 할 수 있겠는가? 다만 노력할 수 있는 것에 대해서 노력할 뿐이다.

일이 벅차다고 해서 미리 체념하지 말고 한 발 한 발 꾸준히 가다 보면 먼 곳에 도달할 수 있다는 내용을 담고 있다. 설령 원하는 바를 이루지 못했을지라도 그것은 하늘의 뜻, 곧 운명이지 나의 잘못은 아니다. 그러나 도전하지도 않고 지레 포기한다면 그것은 나의 책임이다. 내게 주어진 일이기에, 내가 해야 할 일이기에 나는 그저 내가 하고자 하는 일, 내게 주어진 일을 묵묵히 해 나갈 뿐이다. 성호가 큰 업적을 남긴 것도 요행으로 얻은 것이 아니었다. 앞길이 고단하다고 해서 한계를 긋거나 주저하지 않고 한 발 한 발 내딛다 보니 마침내 큰 성취에 이른 것이다.

인생은 아무리 애써도 끝내 바라는 바를 얻지 못할 수도 있다. '언젠가는 되리라'는 믿음으로 하루하루를 버티며 노력하지만 결국 현실 앞에 뜻을 이루지 못하기도 한다. 바라는 바를 성취하느냐, 성취하지 못하느냐는 각자에게 주어진 복이자 운명이다. 그러나 아예 해보지도 않고 이루어지는 일은 없다. 시도하지 않으면 아무런 일도 일어나지 않는다. 천 리 길은 하루아침에 저절로 이르는 것이 아니라 한 발자국씩 걷다 보면 언젠가 도착하는 것이다. 멀다고 해서 처음부터 딛지도 않는다면 절대 도달할 수 없다.

힘써 노력하느냐 내버려 두느냐는 내 능력에 달린 일이다. 하늘

의 뜻이야 내가 어찌하겠는가? 다만 내가 해야 할 일을 힘써 노력
해 갈 뿐이다.

///////

행하느냐 행하지 못하느냐 하는 것은 능력이고
도달하느냐 도달하지 못하느냐 하는 것은 운명이다.
行不行力也, 至不至命也.

이익(李瀷), 『성호집(星湖集)』「중용질서서(中庸疾書序)」

큰 의문이 없는 자는
큰 깨달음이 없다

노벨 화학상을 받은 이스라엘의 생화학자인 아론 치에하노베르Aaron Ciechanover는 한국을 방문했을 때 다음과 같은 말을 남겼다. "아무것도 믿지 말고 항상 의심해야 한다. 나는 의심을 위해서는 책도 읽지 말아야 한다고 생각한다. 책을 읽으면서 저자의 권위에 눌려 무분별하게 저자의 주장을 받아들인다면 차라리 읽지 않는 것이 낫다. '왜?'라는 질문을 항상 던져야 한다."

아무것도 믿지 말라는 것은 세상을 무조건 불신하고 삐딱하게 보라는 뜻이 아니다. 당연한 건 없으니 정보와 지식을 무조건 덮어놓고 받아들이지 말라는 뜻이다. 한 권의 책은 한 사람의 생각을 담았을 뿐이므로 무조건 빠져 읽지 말고 따져서 읽어야 한다는 것이다. 의문의 과정을 거치지 않고 손쉽게 믿은 진리는 남을 정죄하기만 할 뿐, 나를 구원하지도 남을 해방시키지도 못한다. 크게 의

문을 품는 과정을 거칠 때 비로소 큰 깨달음에 이르게 된다. 홍대용은 크게 의문을 품음으로써 큰 진리를 깨달은 사람이다.

홍대용은 고전 지성사에서 최고의 과학자로 평가받는 인물이다. 그의 호인 담헌湛軒은 맑은 집이란 뜻이다. 담헌은 명문가의 후손으로 태어나 반듯한 선비로 성장했다. 처음에는 기존의 질서를 충실히 따르는 전통적인 유학자의 삶을 살았다. 하지만 그의 나이 서른다섯인 1765년 중국 여행에서 서양 문물을 접하고 북경 유리창의 간정동乾淨衕 골목에서 항주의 세 선비를 만나 우정을 나누면서 새로운 세계에 눈뜨게 되었다. 그리하여 주자학을 넘어서는 다양한 독서를 하면서 기존의 질서에서 벗어나 최고의 과학자이자 위대한 사상가로 성장했다.

담헌은 글을 읽을 때는 맹목적으로 빠져 읽지 말고 책의 내용을 음미해 가며 주체적으로 읽어야 한다고 말한다. 의문을 품고 읽다 보면 생각하는 힘이 길러지고 비판적 능력을 키울 수 있다. 담헌은 대충 글을 읽는 사람은 의문이 생겨나지 않는다고 말한다. 책을 보면서 머릿속에 잡생각이 가득하거나 수박 겉핥기로 읽으면 새로운 진실을 발견할 수 없다. 이것저것 뜬생각을 없애고 한 글자씩 음미할 때 의문이 없는 데서 의문이 생기고, 그 의문은 질문하는 힘을 만든다. 담헌은 "의문에 대한 답을 책에서만 찾으려고 하지 말고 일상생활 속에서 끊임없이 사색하며 찾으려고 해야 한다"고 주문한다.

그리하여 담헌은 일상에서도 항상 호기심을 품고 새로운 진실을 깨달으려고 노력했다. 기존의 지식을 무조건 받아들이지 않고 정말로 옳은지 아닌지를 직접 따져 보았다. "어른 앞이라 하더라도 물음에는 반드시 자신의 의견을 다 밝혀야 하고 구차스럽게 동의하여 어른을 속여서는 안 된다"라고 하였다. 스승에게 배울 때도 경전을 공부하다가 의문이 생기면 주저하지 않고 질문했다. 때로는 경전인 『논어』를 읽다가도 의문이 생기면 공자의 행동까지 비판하는 질문을 했다. 그 자신은 노론이었지만, 소론의 입장에서 노론의 문제점을 비판하는 발언을 서슴없이 하기도 했다.

담헌은 다음과 같이 말한다.

큰 의문이 없는 자는 큰 깨달음이 없다. 의문을 품고 말을 얼버무리기보다는 자세히 묻고 분별을 구하는 것이 좋으며 낯빛을 따라 구차스레 비위를 맞추기보다는 차라리 말을 다하고 함께 돌아가는 것이 낫다.

사람들은 권위 앞에서는 무조건 순종하거나 굽힌다. 의문이 들어도 창피해서 대충 넘어가거나 주변의 반응이 무서워 무조건 '예, 예' 하면서 굽실거리거나 아예 입을 다문다. 그러나 담헌은 의문을 품는 것 자체는 잘못이 아니라고 생각했다. 의문을 품어야만 새로운 깨달음에 이를 수 있다고 여겼다.

담헌은 기존의 상식과 지식을 무조건 따르지 않고 크게 의문을 품음으로써 우주와 세계에 대한 새로운 진실을 발견했다. 하늘은 둥글고 지구는 네모나다는 천원지방설天圓地方說을 의리로 받들던 시절에 담헌은 지구는 둥글며 빙빙 돌아간다고 주장했다. 그 당시 사람들이 중국만이 세계의 중심이며 문명국이라는 중화사상을 따를 때, 담헌은 모든 나라가 중심이 될 수 있으며 중화가 될 수 있다고 주장했다. 조선 시대에 중국 중심의 화이론華夷論을 의심한 이는 담헌이 거의 유일해 보인다.

선가禪家에서는 "크게 의심하면 반드시 큰 깨달음이 있다大疑之下 必有大悟"라고 말한다. 데카르트는 보고 듣고 느끼는 모든 것을 의심하라고 했다. 주자도 말하길 "처음 읽을 때는 의문이 없다가 다음에는 점차 의문이 생기고 도중에는 구절구절 의문이 생긴다. 이런 과정을 한차례 거친 다음에야 의문이 점차 풀려 모든 것에 막힘이 없고 하나로 통하게 된다"라고 했다. 크게 의문을 품고 '왜?'를 물을 때 기존의 모순을 발견하고 큰 깨달음에 이른다.

/ / / / / / / /

큰 의문이 없는 자는 큰 깨달음이 없다.
無大疑者無大覺.

홍대용(洪大容), 『담헌서(湛軒書)』 「미상기문(渼上記聞)」

반드시 죽고자 하면
산다

1592년 임진왜란이 일어나자 조선은 쑥대밭이 되었다. 위기에도 조정은 피난하기에만 급급했고 아무 대비를 못했던 조선의 땅과 백성들은 무참히 짓밟혔다. 하지만 조선에는 성웅聖雄 이순신李舜臣(1545~1598)이 있었다.

쑥대밭이 된 육지와 달리 바다에서는 이순신 장군이 승승장구했다. 그러나 백성들에게 사랑받는 그를 못마땅하게 여긴 임금의 시기, 원균의 모함, 이에 동참한 조정의 신하들 때문에 이순신은 감옥에 갇히고 말았다. 그의 편은 아무도 없었다. 그를 대신해 통제사가 된 원균은 일본군에게 대패했으며 수군은 전멸하다시피 했고 거북선도 모두 불타 버렸다.

조정은 어쩔 수 없이 이순신을 다시 통제사로 임명했다. 남은 병선은 고작 판옥선 열두 척이었다. 사태를 염려하는 조정의 편지에 이순신은 답했다.

"신에게는 아직 열두 척의 전함이 있습니다. 죽기로 싸운다면 해볼 만합니다."

고작 열두 척의 배로 수백 척의 왜군을 이기는 것은 거의 불가능한 일이었다. 이순신도 잘 알고 있었다. 저 발언은 자신감보다 죽음을 각오한 절박함에서 나온 말이었다. 일본 수군은 열두 척에 불과한 이순신의 판옥선을 얕보며 지난 패배에 대한 수모를 갚을 작정이었다. 이들은 이순신의 판옥선을 물리치기 위해 133척의 어선을 동원하기로 했다.

전투를 하루 앞두고, 이순신은 깊은 생각에 잠겼다. 참으로 외로웠다. 주변에 힘이 되어 줄 이 하나 없었다. 배는 고작 열두 척. 그러나 그의 어깨에는 조선의 운명이 달려 있었다. 이순신은 장수들을 불러 모았다.

병법에 반드시 죽고자 하면 살고 반드시 살고자 하면 죽는다고 했다. 또 한 사람이 길목을 지키면 천 명도 두렵게 할 수 있다고 했다. 너희 장수들은 살려는 생각을 하지 말라.

장수들은 굳게 약속했다. 그날 밤 이순신 장군의 꿈에 신인神人이 나타나 이렇게 하면 크게 이기고 이렇게 하면 진다고 알려 주었다. 다음 날 명량해협에는 왜적의 배 133척이 조선 수군을 에워쌌다. 이순신의 판옥선은 한 척을 더해 고작 열세 척이었다. 그러나 이순신은 위축되지 않았다. 이미 죽기를 각오한 몸이었다.

그는 폭이 좁은 명량해협의 특성과 조류를 이용해 적선 서른한 척을 단숨에 격파했다. 일본의 수군은 우왕좌왕 도망치기 바빴다. 세계 역사상 최고 해전으로 손꼽히는 명량대첩이 기적적인 승리를 거두는 순간이었다.

"죽고자 하면 살리라"라고 명령하는 이순신의 마음은 어떠했을까? 그에겐 거북선도, 힘이 될 조정 신하도 없었다. 임금의 미움은 크고 깊었다. 전투 직전에는 어머니마저 여의었다. 그도 약한 인간인지라 무척 외로웠을 것이다. 그러나 그는 모든 두려움을 끌어안고 각오를 새롭게 다졌다. 절망의 상황에서 자신의 모든 것을 내던지고 한 발 앞으로 내디뎠다. 그 앞에는 죽음이 아닌 승리가 있었다.

삶에는 아무도 도와주는 이 없는 막막한 순간이 있다. 한 치 앞도 보이지 않는 안개, 알아주는 이 하나 없는 깊은 외로움, 집어삼킬 듯 높은 파도. 어찌할 텐가? 충무공 이순신은 말한다.

반드시 죽고자 하면 살 것이다.

///////

반드시 죽고자 하면 살고 반드시 살고자 하면 죽는다.
必死則生, 必生則死.

이순신(李舜臣), 『난중일기(亂中日記)』 정유년 9월 15일

재능이 남만 못하다고
스스로 한계를 긋지 말라

『중용』에는 앎의 세 단계가 나온다. 첫 번째 단계는 성인과 같이 배우지 않고도 태어나면서부터 깨닫는 사람인데 이를 생이지지生而知之라 한다. 두 번째 단계는 위인들처럼 배워서 앎에 이르는 사람이다. 이를 학이지지學而知之라고 부른다. 마지막으로 고생하면서 공부한 끝에 앎에 이르는 사람인데, 곤이지지困而知之라 한다. 평범한 사람들은 마지막에 해당한다. 그 가운데 이보다 더 머리가 나쁠 수 없었으나 성취에 이른 이가 있으니 조선 중기의 시인인 백곡柏谷 김득신金得臣(1604~1684)이다.

김득신은 어렸을 때부터 머리가 무척 나빴다. 금방 배운 것도 돌아서면 까먹었다. 열 살에야 겨우 글을 읽기 시작했는데, 26자밖에 안 되는 「십구사략十九史略」의 첫 단락을 사흘이나 배우고도 구두句讀조차 떼지 못했다고 한다. 스무 살이 되어서야 겨우 글을 지었을 정도였다. 친척들은 그를 보고 큰 인물이 되기는 글렀다며 혀를 끌끌 찼다. 하지만 그의 아버지만은 늘 기대하고 격려했다.

"조급해 하지 마라. 포기하지 않으면 언젠가는 이룰 수 있단다."

하지만 김득신의 둔한 머리는 어찌할 수가 없는지라 다음과 같은 일화가 『지수염필智水拈筆』에 소개되어 있다. 한 번은 그가 말을 타고 어느 집 앞을 지나가는데 책 읽는 소리가 들려왔다. 그는 말을 멈추고 한참 듣다가 읊조렸다.

"글이 정말로 익숙한데 무슨 글인지 생각나지 않는구나."

말고삐를 끌던 하인이 말했다.

"배우는 자에게 서적은 매우 많으나夫學者 載籍極博 어쩌고저쩌고 한 것은 나리께서 평소 매일 읽으시는 거라 쇤네도 아는 것입니다요. 어찌 나리께서 모르신단 말입니까?"

김득신은 그제야 그 글이 즐겨 읽던 사마천의 「백이전伯夷傳」 한 구절임을 깨달았다. 얼마나 좋아했던지 먼저 세상을 떠난 딸의 장례 행렬을 따라가면서도 손에서 놓지 않았으며, 부인의 상중喪中에 일가친척들이 '애고, 애고' 곡을 하는데 그 곡소리에 맞춰 「백이전」을 읽었다고 한다. 하인까지 외울 정도였으나 정작 본인은 기억하지 못한 것이다.

김득신은 남과 똑같은 방법으로 공부해서는 절대로 남을 따라갈 수 없다는 것을 알았다. 그래서 남이 책을 한 번 읽으면 자신은 열 번을 읽고, 남이 열 번을 읽으면 자신은 백 번을 읽었다. 그는 자신의 서재 이름을 억만재億萬齋로 지었다. 「백이전」을 1억 1만 1천 번 읽은 것을 기념한 것이다. 1억은 지금의 십만이란 뜻이니, 자그마치 한 권의 책을 11만 1천 번 읽은 것이다.

「독수기讀數記」란 글에는 김득신이 평생 1만 번 이상 읽은 글이 무려 36편이나 실려 있다.

한유韓愈의 글 「획린해獲麟解」「사설師說」「송고한상인서送高閑上人序」「남전현승청벽기藍田縣丞廳壁記」「송궁문送窮文」「연희정기燕喜亭記」「지등주북기상양양우상공서至鄧州北寄上襄陽于相公書」「응과목시여인서應科目時與人書」「송구책서送區册序」「장군묘갈명張君墓碣銘」「마설馬說」「후자왕승복전朽者王承福傳」은 1만 3천 번씩 읽었고, 「악어문鱷魚文」은 1만 4천 번 읽었다. 「정상서서鄭尙書序」「송동소남서送董邵南序」는 1만 3천 번 읽었고, 「십구일부상서十九日復上書」도 1만 3천 번을 읽었다. 「상병부이시랑서上兵部李侍郎書」「송료도사서送廖道士序」는 1만 2천 번을 읽었고, 「용설龍說」은 2만 번을 읽었다. 「백이전」은 1억 1만 1천 번을 읽었고, 「노자전老子傳」은 2만 번, 「분왕分王」도 2만 번을 읽었다. 「벽력금霹靂琴」은 2만 번, 「제책齊策」은 1만 6천 번, 「능허대기凌虛臺記」는 2만 5백 번을 읽었다. 「귀신장鬼神章」은 1만 8천 번, 「의금장衣錦章」은 2만 번, 「보망장補亡章」도 2만 번, 「목가산기木假山記」는 2만 번, 「제구양문祭歐陽文」은 1만 8천 번을 읽었다. 「설존의송원수재薛存義送元秀才」와 「주책周策」은 1만 5천 번, 「중용서中庸序」는 2만 번, 「백리해장百里奚章」은 1만 5천 번을 읽었다. 갑술년(1634년)부터 경술년(1670년)까지 책을 읽은 횟수다.

그러나 그 사이에 『장자莊子』와 『사기史記』, 『대학』과 『중용』을 많이 읽지 않은 것은 아니나 읽은 횟수가 1만 번을 채우지 못했기 때문에 이 글에는 싣지 않는다. 만약 뒤의 자손이 내 「독수기」를 보면 내가 독서에 게으르지 않았음을 알 것이다.

경술년 늦여름, 백곡 늙은이는 괴산 취묵당醉黙堂에서 쓰노라.

김득신은 남들이 수차례 읽을 때 수백수천 번을 반복해서 읽고 또 읽었다. 그리하여 59세가 되어서 마침내 과거에 급제하고 가선대부까지 올랐다. 상당히 늦은 나이에 목표에 도달한 것이다. 늘그막에는 두 칸짜리 초가로 된 취묵당의 억만재 서재에서 책을 수천, 수만 번 읽으며 살다가 생을 마쳤다. 다산 정약용은 "문자가 만들어진 이래 종횡으로 수천 년과 3만 리를 다 뒤져도 대단한 독서가는 김득신이 으뜸이다"라고 평했다.

김득신은 평소 배우는 자들에게 다음과 같이 권면했다.

재능이 남만 못하다고 스스로 한계를 긋지 말라. 나처럼 머리 나쁜 사람도 없겠지만 끝내 이룸이 있었다. 힘써 노력하는 데 달려 있을 뿐이다.

無以才不猶人自畫也. 莫魯於我, 終亦有成. 在勉强而已.

언제 목표를 이루었느냐가 중요한 것이 아니라, 때가 언제이든 간에 꿈을 이루었느냐 이루지 못했느냐의 여부가 중요하다. 세계 철학사를 뒤흔든 칸트도 오십 대가 되어서야 첫 책을 발간했다고 한다. 늦은 나이에 성취한 역사상 인물들은 많다. 김득신의 삶은 미련해 보일지 모르나 목표를 이루기까지 우직하게 도전하는 자세를, 우리가 꿈을 위해 얼마나 끈기 있게 노력하고 있는지를 돌아보게 한다.

〃〃〃〃〃〃

재능이 남만 못하다고 스스로 한계를 긋지 말라.
無以才不猶人自畫也.

김득신(金得臣), 『백곡집(柏谷集)』 「가선대부 동지중추부사 안풍군 김공 묘갈명(嘉善大夫同知中樞府事安豐君金公墓碣銘)」

뜻을 품은 사람은
반드시 성취한다

고난 없는 인생은 없다. 선한 사람이든 악한 사람이든, 부자든 가난한 자든, 남자든 여자든 인간이라면 언젠가는 반드시 고난과 맞닥뜨린다. 고난의 크기는 제각기 다를지언정 누구도 예외는 없다. 고난이 찾아오면 괴로워하는 사람도 있고 안간힘을 쓰는 사람도 있다. 회피하는 사람도 있고 맞서는 사람도 있다. 누군가는 받아들이고 누군가는 슬퍼 운다. 왜 인간은 고난을 겪어야 할까? 고난이 주는 뜻은 무엇일까? 최충성崔忠成(1458~1491)은 「잡설雜說」에서 한 편의 우화를 들려준다.

깊은 산 작은 못에 괴물이 한 마리 살고 있었다. 괴물은 굼실굼실 느릿느릿했다. 날개가 없었지만 날 수는 있었고 발굽이 없었지만 걸을 수는 있었다. 작은 못 안에 숨어 지냈지만 특이한 몸과 굼뜬 행동 때문에 툭 하면 까치와 다람쥐가 놀려댔다. 괴물은 울적하고 서글픈 생각이 들었다. '왜 하늘은 나만 요 꼴로 만들어 놀림 받게 했을까?' 그러나 다시 생각을 돌이켰다. "아니야, 하늘이 세상을 만들 때 차별할 리가 없어. 나도 훗날 반드시 쓰일 날이 있을 거야." 얕은 연못에 숨어 지내며 마침내 성공할 날을 기다렸다. 그러나 못의 물은 점차 말라 갔고 더 이상 숨을 수조차 없었다. 괴물은 탄식했다. "죽는 것은 아쉽지 않으나 아무것도 이루지 못하고 죽는 것이 애석할 뿐, 크게 울어나 보련다." 괴물의 울부짖음은 사방에 흩어졌다. 그러나 봉황은 그 소리가 듣기 싫다고 도와주지 않았고 기린은 그 모습이 꼴 보기 싫다고 구해주지 않았다. 그들이 도와주지 않은 건 자신들이 괴물과 같은 부류가 아니다 보니 작은 못에서 사는 고통을 알 길이 없었기 때문이었다.

괴물의 서럽고도 구슬픈 울음소리는 하늘의 못에 사는 용에게도 들렸다. 하늘 용은 괴물이 불쌍해서 넉넉하게 비를 내려 주었다. 비는 작은 못의 물을 넘치게 했고 깊은 못으로 이어졌다. 괴물은 물길을 따라 깊은 못으로 들어갈 수 있었고 마침내 스스로 성취하여 용이 되어 하늘로 날아 올라갔다. 이후로 용이 된 괴물은 가뭄이 들 때마다 비를 내려 만물을 살렸다. 예전에 그를 놀렸던 까치와 다람쥐, 그를 모른 척했던 기린과 봉황도 괴물의 도움을 받았다. 그러나 이들은 그 은혜가 괴물의 도움인 줄 전혀 몰랐다.

봉황과 기린과 용은 모두 괴물을 도와줄 충분한 능력이 있었다. 그런데 왜 봉황과 기린은 고통받는 괴물이 도움의 손길을 내밀었

음에도 매몰차게 외면했을까? 작은 못에 사는 괴물의 고통을 전혀 이해할 수 없었던 것이다. 인간은 자신이 경험한 만큼만 남을 온전히 이해할 수 있다. 월세 낼 돈이 없어서 발을 동동 굴러 본 뒤에야 배고파 우는 이의 고통을 온전히 이해하고, 혹독한 이별의 아픔을 겪은 후에야 비슷한 경험으로 괴로워하는 이의 아픔을 온전히 공감한다. 고통과 아픔을 경험한 사람만이 그 고통을 똑같이 겪고 있는 남의 아픔을 이해하고 도움의 손길을 내민다. 하늘의 용은 작은 못에 사는 고통을 겪은 뒤 하늘로 올라갔었기에 괴물의 고통을 온전히 이해하고 도와줄 마음을 품었던 것이다.

그렇다면 왜 괴물은 그토록 혹독한 고통을 겪어야만 했을까? 작가는 다음과 같이 말한다.

하늘이 장차 괴물에게 큰 임무를 맡기려 했기에 처음엔 곤궁하게 했고 또한 큰 고통을 준 것이다. 이 괴물이 극심한 고통을 당하자 큰 뜻을 품게 되었고 마침내 그 뜻을 성취했다. 뜻을 품은 사람은 결국 일을 성취한다는 말이 나를 속이지 않았음을 알았다.

『맹자』, 「고자 하」에서 말한다. "하늘이 장차 어떤 사람에게 큰 임무를 맡기려 할 때는, 반드시 먼저 그의 마음과 뜻을 괴롭게 하고 그의 뼈를 수고롭게 하며 그의 육체를 굶주리고 그의 몸을 궁핍하게 만들어 그가 행하는 바를 어긋나게 한다. 이는 그의 마음을 분발하게 하고 성질을 참게 하여 그가 할 수 없는 일을 해내게 하고자 함이다." 우리가 태도를 바꿀 수 있는 혜안이 있다면, 고난은 기회이자 훈련이고 가려진 축복이다.

인간의 진실과 순수가 가장 잘 드러나는 때는 시련과 고통을 맞닥뜨렸을 때다. 그 고난을 어떻게 대하느냐에 따라 인생은 깊은 세계로 들어가기도 하고 그저 그런 인생으로 남기도 한다. 도자기는 수천 도의 고온을 견딜 때 마침내 명품이 된다. 반복되는 풀무질과 두드림을 견딜 때 강한 칼이 완성된다. 마찬가지로 인간도 때로는 불속에 들어가는 고통을 맛보고 두드려 맞는 시련도 겪는다. 혹독한 시련과 고통의 과정을 견디어 내며 마음을 분발하고 성질을 참는 과정에서 인격을 도야陶冶하고 인생은 더욱 단단해진다. 편안한 삶에 큰 인물은 없다. 고난을 당당히 이겨낸 자만이 인생의 주인이 될 수 있다.

최충성은 조선 전기의 학자다. 도학자인 김굉필을 스승으로 모셨다. 그는 어린 시절부터 병약했다. 건강을 돌보기 위해 전국의 명승지와 산의 절을 돌아다니며 책 읽기를 좋아했다. 그도 과거를 보아 꿈을 실현하려는 포부가 있었다. 졸음을 쫓아내기 위해 겨울에도 불을 넣지 않았고 깨어 있는 상태를 유지하고자 창문 가까이서 책을 읽었다. 하지만 그럴수록 몸은 축나고 병약해졌다. 땀을 흘리면 병이 낫는다는 주변의 권유로 한증막까지 짓고 살았으나 병을 더 키웠고 결국 중풍까지 걸려 서른네 살에 세상을 떠났다.

안타깝게도 평생 과거의 일차 관문인 향시조차 합격하지 못했고 끝내 아무런 벼슬도 하지 못했다. 1남 1녀의 아버지로서 집안을 잘 이끌고 싶은 간절함이 있었겠으나 하늘은 그를 돕지 않았다.

우화의 후반부에서 최충성은 다음과 같이 말했다. "선비가 큰 도에 뜻을 두고 먹고 입는 것조차 잊었으나 결국 굶주림과 추위의 고통을 당해 깊은 병을 얻게 되는 사람이 얼마나 많은지 알 수 없다. 하늘의 용에 뜻을 둔다면 도와줄 방법이 있는 자가 그 사정을 잘 살피고 손을 내밀고 다가가 어진 행동을 해주지 않을까?" 이는 최충성 자신의 바람이었을 것이다. 하지만 애석하게도 끝내 품은 뜻을 성취하지 못하고 떠나갔다. 하늘이 그를 속인 것일까, 그의 노력이 부족했던 것일까? 사실, 최충성은 과거를 통한 출세보다는 완전한 인격체(성인)를 꿈꾼 사람이었다.

/ / / / / / / /

뜻을 품은 사람은 결국 일을 성취한다는 말이 나를 속이지 않았음을 알았다.
知有志者事竟成之語不我欺也.

최충성(崔忠成), 『산당집(山堂集)』「잡설(雜說)」

오래 흐르면
반드시
바다에 이른다

초판 1쇄 발행 2023년 12월 7일

지은이 박수밀   펴낸이 김영범

펴낸곳 (주)북새통 · 토트출판사
주소 서울시 마포구 월드컵로36길 18 삼라마이다스 902호 (우)03938
대표전화 02-338-0117 팩스 02-338-7160
출판등록 2009년 3월 19일 제 315-2009-000018호 이메일 thothbook@naver.com

ⓒ 박수밀 2023
ISBN 979-11-87444-95-4 03190

잘못된 책은 구입한 서점에서 교환해 드립니다.